博報堂スピーチライターが教える

5日間で言葉が「思いつかない」「まとまらない」「伝わらない」がなくなる本

ひきたよしあき・著

大和出版

はじめに　「思いを言葉にする力」、持っていますか？

見えない、聞こえない、話せない、三重苦に見舞われたヘレンケラー。

サリヴァン先生は、彼女の手に井戸水を注いでは、「w-a-t-e-r」と指文字で書きました。はじめは何をされているのか、なんのことだかわかりません。

しかし、ヘレンケラーは、サリヴァン先生の粘り強い行動によって、気づきます。

「もしかして、この物体が、『w-a-t-e-r』なの？」

〝もの〟にはすべて、名前がある。そうわかったヘレンケラーは、その日の夕方までに30もの単語を覚えました。


人間が1歳から2歳までに覚える言葉の数が、200語程度。それが5歳になると、5000語から1万語も習得できるようになるといいます。

しかし、誰もが努力なしに語彙が増えるわけではありません。「あれは、なんて言うんだろう」「この気持ちを、どんな言葉で言えばいいんだろう」「自分の考えは、なんと言えば伝わるんだろう」と考え、試すうちに言葉は身につくのです。

何もしなければ、「かわいい」「やばい」「すごい」「アレ持ってきて」「びみょう」などといった言葉で答えるしかない。

本も読まずに、「やばい」で会話が成り立つような同世代の友だちとばかり話していたら、自分の考えをまとめる力も、人に伝える力もつくはずがありません。

社会人になると、自分とはひと回りもふた回りも歳の離れた人たちと、同じ土俵で仕事をしなければなりません。

会議、商談、プレゼン、レポート、企画書、報告・連絡・相談……など、さまざまな場面において、何よりも大切なのが「思いを言葉にする力」です。ビジネスの現場では、考えていることをアウトプットできなければ評価されることはありません。

この本は、そんな学生時代の語彙力不足や、表現力不足から抜け出せずに困っているあなたに向けて書きました。

大丈夫です。あなたのような人は世の中にたくさんいます。否、むしろ大半の人が的確な言葉を思いつけず、考えをまとめられず、伝え方を知りません。

ですから、これからこの本で一緒に学んでいきましょう。まだ十分間に合います。

さて、ここで自己紹介をしておきましょう。

私は、博報堂という広告会社に35年間勤めています。

これまでずっとコピーやCMを作る仕事をやってきました。最近は、スピーチライターといって、会社の社長さんや政治家のスピーチを書く仕事をしています。

一貫して、その商品やサービス、テーマに興味関心がない人をも巻き込む言葉を作ってきました。また、小学生から国の行政に関わる人たちまで、どんな世代の人たちにも伝わるような「短く、わかりやすく伝えるコツ」を日本中で教えてきました。

今回は、私のいままでの経験から、**話すこと、書くことに劣等感を感じている人たちを救った珠玉の25のメソッドを集めました。**

その上、この本では、25のメソッドを5日間で学べるように構成しています。

土日を除いた1週間で、言葉を「思いつく」「まとめる」「伝える」方法を集中的に学ぶイメージです。

そうは言っても、たった5日間で「言葉の力」が高められるなど、イメージが湧かないですよね。では、この5日間のうちに、どのようなことを学んでいくのか具体的に見ていきましょう。

まず1日目は、「頭の中にあるものを知る」です。

ここでは、「語彙力が不足している」「頭が真っ白になってすぐに言葉が出てこない」という人に向けたトレーニング法が5つ紹介されています。体の中で、もっとも怠け者と言われる脳を目覚めさせ、テキパキと働くようにする、フィジカルなトレーニングメニューを並べました。

2日目は、「考える習慣をつける」です。

ついぼんやりと過ごしてしまいがちな日常生活の中に、「考える」ためのトレーニングを導入します。「なんでこうしたのか」と、自分の言葉や行動を振り返り、意味づけし、仮説を立てたりする。日々の生活に「考える機会」を増やしていきます。

3日目は、「論理的に発想する力をつける」です。

論理とは「筋道」のこと。一度頭の中を整理し、順番をつけたり、鳥の目で広く眺めてみたり、人に例えたりすることで、深く考えられるようになります。ここでは、そのための「考える型」を紹介します。

4日目は、「真に伝わる表現力を磨く」です。

ここでは、わかりやすいばかりでなく、人を共感させ、動かすためのテクニックを紹介します。言葉は、ただ相手に伝わるだけでは足りません。人が「あぁ、私のことだ」と〝自分ごと化〟し、「私から動こう」と行動に移させてはじめて、本当の意味で「伝わった」と言えるのです。そのための言い回しや、表現方法を伝授します。

5日目は、「言葉に説得力を持たせる」です。

4日目のメソッドを発展させて、「信憑性を持たせる数字の使い方」「話にリアリティを持たせる方法」など、より説得力が増す伝え方について言及します。また、その上で、「君は信頼できる」「あなたに会えてよかったよ」と相手に信用してもらい、よりよい関係を作るためにはどうしたらいいかまで、そのコツを5つ教えましょう。

以上の5日間を通して、頭の中にパッと適切な言葉が浮かび、自分の考えをまとめ、相手に伝わる表現ができるようになれば、公私に渡り、人から信頼と好感を寄せられるようになるでしょう。

「思いを言葉にする力」を身につければ、仕事に限らず、あらゆる場面で自信を持って表現することができ、本当に自分の納得する人生を送れるようになるのです。

この本では、皆さんと同様「言葉にできないコンプレックス」に悩む山崎大を主人公に、広告会社に勤める和田先生とのメールでのやりとりで、ストーリーが展開していきます。私の職業柄、「広告」に関する話が多く出てきますが、このメソッドは「広告」を仕事にする方のみならず、日常のさまざまな場面で活用できるものです。

それをご理解いただいた上で、われらが山崎大を紹介しましょう。

では、さっそく本文へとお進みください!

ひきたよしあき

5日間で言葉が「思いつかない」「まとまらない」「伝わらない」がなくなる本　目次

Day 2 考える習慣をつける

Day 4 真に伝わる表現力を磨く

Day 5 言葉に説得力を持たせる

本文デザイン／原田恵都子（Harada＋Harada）齋藤知恵子（sacco）

山崎大が「言葉の力」を身につける前夜

この物語の主人公・山崎大は、食品大手「葛原食品」の広報部に勤めています。

3年前に、明蹊大学農学部を卒業。入社当時は、人気企業に入れたことで、順風満帆、意気揚々、肩で風を切って歩いていました。

農学部出身なので、研究職になるとばかり思っていた山崎大。

しかし、新人研修を終えて配属されたのは、番狂わせの「広報・宣伝局」の「広報部」でした。国語が苦手で理系をめざし、人前で話すのが苦手なので研究職を望んでいた大は、配属早々、先輩たちの手厚い歓迎を受けます。

「ねえ、山崎くん。このポスター案、A案とB案のどっちがいい？」

と机の上にポスターを並べる宣伝部の女性デザイナー。

見ると両方ともアイスクリームのアップですが、A案にはスプーンがなく、B案にはスプーンが入っています。「正直、変わらないよな」と思いつつ、大は「個人的には、B案がいいと思います」と答えました。

するとデザイナーは、即座に「なんで？」と聞いてきたのです。

大は、質問されるのが子どもの頃から苦手でした。多くの場合、自分に意見がない。だから何も言えない。例え伝えたいことがあっても、考えがまとまらず言葉にできないのです。

大は、「なんとなく、こっちが好きというか、おいしそうというか……」と答えるのがやっと。

するとデザイナーは、周囲に聞こえるような声で、「仕事にならないよ！」と言って、去っていきました。

言葉にできないコンプレックス

そんな時期から3年の月日が流れました。多少は

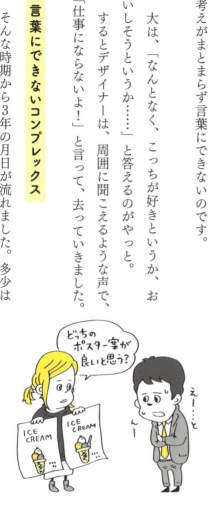

進歩したものの、大の「言葉にできないコンプレックス」は深まるばかりです。

新人の頃は、ただ先輩の後ろをついて歩けばよかった。簡単な校正や連絡業務、雑用で済んでいました。でもこの頃は、プレスリリースを1人で書き、広告会社や新聞社と交渉し、社内会議で発言することが増えてきた。

つまり、1人で考え、1人で決断し、1人で行動する機会が増大してきたのです。得意先からも上司からも、「あなたの意見を聞かせてください」と言われる。そのたびに、結論をあいまいにしたり、しゃべりすぎたり、言葉足らずだったりする。毎日のように、「うん？　いまの話、よくわからないな」と言われ続けているのです。

「ダメだ。向いてない。このまま研究職に行けないようなら、転職しようかな」と、朝起きるたび、逃げ出したい衝動に何度も駆られました。

毎日、お通夜のような気分で出勤する大。明蹊大同窓会のメッセージが届いたのは、会社で大きなミスをして落ち込んでいる日でした。

「みんな、どうしているのかなぁ。僕みたいに転職を考えている人もいるかなぁ」とぼんやり考える。

あの頃、一緒に農場へ行き、生のトウモロコシをかじった仲間たちの顔が浮かぶ。

すると泣きたいくらいに懐かしくなって、大は「参加」のメッセージを送りました。

和田先生と再会する

同窓会は、水道橋にあるホテルで開催されました。

大からすると、みんなバリバリやっているように見えます。自分1人が取り残されているような気がしてなりません。

仲間の輪に入れず、壁の花になっている大の肩をポンポンと叩く人がいました。

和田重信先生でした。大はよく覚えています。農学部の彼が、唯一受けた「広告」に関する講義だったからです。

和田先生は、明蹊大の教授ではありません。広告会社から特別講師として、「広告と言葉」を教えている。全学部共通講義なので、大も受けることができたのです。

「君、確か、農学部だったよね。農学部で広告の講義を受けにくるのは珍しいので覚えているよ。レポートも面白かった」と和田先生。

「あ、山崎大です。覚えてくださっているなんて光栄です。レポート、面白かったですか？　いや、もういまは、文章を書くこと自体辟易としていて。僕、農学部出身なのに広報部に配属されちゃったんです」

それから大は、一気に悩みを吐き出しました。

考えても考えても、言葉にまとめることができないこと。とっさに何か聞かれると、頭が真っ白になること。１人で決断する恐怖。「君の発言はわからない」と言われたときの自己嫌悪……。

大の目からは涙がこぼれました。いままで堪えていたものが一気に出た。それも、たった一講座受けた先生の前で。

5日間で、頭に言葉を取り戻す

和田先生は、そんな大をじっと見ていました。大がひとしきり愚痴と弱音を吐き切ったのを見計らって、こう語りはじめました。

「山崎大くん。実はね、ここにいる多くのみんなが、君と同じような悩みを抱えているんだ。

私のところには毎年、大くんのような弱音や泣き言を言う学生がたくさんやってくるんだよ。

社会に出てみたら、『自分の言葉がてんで通用しない』『自分の感想、自分の意見、自分の判断を言葉にすることができない』と言ってね。

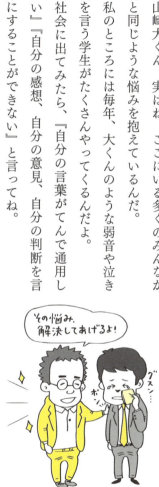

そこで提案なんだけど。実は私、毎年1人だけ、これと思った学生に「言葉の力を強くする」アドバイスを定期的にやっているんだ。

もちろん、善意だけじゃない。広告会社の人間としては、いまの若者が何に悩み、それをどう解決していくかを見るのはとても有益な情報源になる。

特に君のような理系出身で、元から書くことや話すことが苦手だった学生は、こちらとしても大歓迎だ。

どうかな。君の悩みを、メールで構わないから送ってくれないか。私がそれに答える。

君は、それを必ず実行するんだ。実行しなければ、そこで打ち切り。〝言葉を行動に移す〟これも大事な学びだからね。

期間は、5日でいい。5日間がんばれば、子供は逆上がりができる。自転車に乗れる。必死にやれば、泳げない子が25メートルプールを泳ぎきることだってできる。どうだ？　やってみないか」

ここから大と和田先生の物語がはじまりました。
人を一番成長させるのは出会いです。その出会いが、言葉を変え、言葉を磨き、やがては、その人をひと回りもふた回りも大きくしていくのです。

さぁ、物語をはじめる準備は整いました。
あなたもご一緒に、5日間の言葉の旅に出かけましょう。

主な登場人物

山崎 大

社会人3年目。葛原食品広報部に所属。“言葉にできないコンプレックス”を抱え、上司や取引先に「で？何が言いたいの？」と言われる日々に、自信を失っている。

和田先生

広告会社に勤めながら、大学で“言葉”について教えている。的確なアドバイスが支持され、教え子から「先生、助けてください！」とたくさんの悩みが寄せられる。

出井部長

葛原食品広報部、部長。「部下を育てよう」という思いが強く、メンバーの成長や変化に目を光らせている。気遣いの達人で、ジェントルマン。

阪田ちひろ

宣伝部の頼れるエースであり、大の上司。仕事に対して徹底的につき詰める姿に、みな一目置いているが、その分、ちょっと近寄りがたい存在でもある。

Day
1

頭の中にあるものを知る

言葉が「思いつかない」のは、怠け者の脳になっているから。ここでは、「語彙力が不足している」「頭が真っ白になって、すぐに言葉が出てこない」という人へ、脳を活性化させる基礎トレーニングを5つ紹介します。

question.

1

to: 和田先生

subject: 思ったことが
パッと言葉になりません

和田先生、お言葉に甘えてメールを書きます。

文章を書くのが得意じゃないので、敬語とか「てにをは」の間違いとか、きっと失礼があると思います。その点について、最初から謝っておきます。ごめんなさい。

先生、私は何か尋ねられても、自分から言おうとしても、頭に適切な言葉が浮かんでこないんです。そもそも人と比べて、脳みそにインプットされているボキャブラリーの数が少ないように感じています。いまから読書をしても、すぐに身につくとは思えない。一体、どこから手をつけたらいいのか、見当もつきません。思ったことがパッと言葉になるようにするには、まず何からはじめればいいでしょう。基礎の基礎のところから教えてください。

method.
1

30秒で、ものの名前を10個言ってみよう

大くん、おはよう。ボキャブラリーが人より少ないとのこと。昔の言葉で言えば「ボキャ貧」ということだな。

よろしい。では、ひとつテストをしてみよう。

「30秒で、図形の名前を10個、声に出して言う」

ここからはじめよう。大切なことはちゃんと声に出すことだ。頭の中で思うだけではダメ。声に出そう。では、はじめて。

（30秒経過）

どうだったかな。君は理系だから、図形の名前は簡単だったかもしれない。

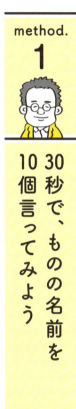

「正三角形、二等辺三角形、直角三角形、正方形、長方形、平行四辺形、台形、円、楕円」、そんなところかな。

大くんも、途中、何度か詰まったはずだ。小学校で習ったことがスラスラと出てこない。でも、どれもこれも知らないわけじゃない。
すぐに頭に単語が浮かんでこないだけのはずだ。

実はね、大くんは決してボキャブラリーがないわけじゃない。
いま、図形がスラスラと出てこなかったように、脳にインプットされている言葉が湿った花火のように、パッと閃かなくなっているだけなんだよ。

大くん、君は記憶の構造を、脳みその中にたくさんの整理ダンスがあるように考えているかもしれない。そうじゃないんだ。

言葉はちっとも整理されてない。思い出そうと思った瞬間、脳みその中に、「二等辺三角形!」という花火がパッと咲くイメージ。
言葉がスラスラ出るというのは、夜空を焦がす花火のように、言葉がパンパンパン!

と打ち上がる感じだと思ってもらいたい。

では、どうすれば言葉の花火が上がるようになるだろう。

それが、先ほど示した「30秒で、ものの名前を10個言う」というトレーニングなんだ。

「30秒で、花の名前を10個言う」「30秒で、ヨーロッパの10都市の名前を言う」「30秒で、売れている小説家の名前を10人言う」、なんでもいい。短い時間の中で、ものの名前がパッと浮かぶ訓練を繰り返すんだ。

これを続けているうちに、湿ってなかなか火がつかなかった言葉の花火が、脳みその中でバンバン上がるようになる。嘘じゃない。

通勤途中でもお風呂に入っているときでも、休まずやり続けてほしい。

いいかい、大くん。小説家や学者になるなら別だけれど、仕事や日常会話で使う語彙くらい、君は十分に持っているんだよ。

それがなかなか出てこないのは、声に出さないからなんだ。頭の中でふわふわ浮かんでは消える言葉は、言葉じゃない。それこそ湿った花火だ。

短い時間の中で、脳みそにけしかけて、言葉の花火を上げる。そうやって怠けた脳をトレーニングすれば、必ず脳みそに言葉が戻ってくる。

さぁ、やってごらん。

point

思い浮かんだものを声に出せば、脳内に言葉の花火が上がり出す

question.
2

to: 和田先生

subject: なんでも「やばい」「すごい」「おもしろい」で片づけてしまいます

和田先生、早速のメール、ありがとうございました。脳みそに言葉の花火を上げる。すごくイメージが湧きました。言われた通り、30秒で10個の単語を思い出すこともやってみました。怠けていた脳がシャキッとする気がしました。

でも、先生。よく考えてみると私の脳みそは、湿って火がつかない言葉だけじゃないんです。「やばい」「うざい」「なんとなく」とか、「いい」とか「きらい」とか、いっつも使っている言葉が実は山ほどあるんです。考えるのが面倒なので、いつも同じ言葉を使ってしまう。10個くらいの言葉で何もかも済ませている。そのクセから抜けられません。どうすればいいでしょう。

method.
2

形容詞をいったん自分の中から消そう

先日、学食で女子学生が3人で話しているのが聞こえきたんだ。

そこにいない人の悪口を言っている。あまり感心できる話じゃないよね。それはともかく、聞こえてくる言葉が、「あいつ、臭いんだよねぇ」「見た目はキモいし」「あいうの、やばくない？」というように、言葉のすき間に、「きらい」という言葉を3人が何度も口にするんだ。

言葉の汚さや稚拙さに腹が立った。


でも、それが問題じゃない。

「臭い」「キモい」「やばい」は全部形容詞、「きらい」は形容動詞だから同じ仲間だ。

「形容詞」とは何か、おさらいすると、名詞をもっとわかりやすくするために、情報を加える言葉のことをさす。

例えば、「みかん」という名詞があるとする。これに「おいしい」「すっぱい」「大きい」「丸い」「重い」なんて情報を加える言葉のことだよね。

つまり彼女たちは、きらっている人、仮にAさんとしよう。そのAさんに対し、「臭い」「キモい」「やばい」なんて悪口情報を与えて楽しんでいるだけなんだ。

ペラペラと話しているように見えるけれど、Aさんという共通の敵がいるから成り立っている。Aさんが姿を消したら、彼女たちは何ひとつ話せなくなってしまうんだ。

―形容詞に逃げなくなると、本質が見えてくる―

大くんの頭も、実は3人の女子学生と大差はない。

食べたら「おいしい」、きらいな人が近づいてきたら「うざい」、仕事が入ったら「面倒くさい」と、形容詞で自分の感想を述べるだけだった。それで話した気になっていたんだよ。それは受け身の姿勢で、起きた出来事にただ反応しているに過ぎない。

さぁ、これが2つ目のワークだ。

ものを食べた感想を「おいしい」と言うのをやめる。もちろん、「やばい」もやめる。

みかんを食べた感想を「おいしい」で済ませるのではなく、なぜおいしく感じるのか、どうおいしいのか、食べたことで、自分はどんな気持ちになったのか、などを考えて言葉にしていく。

つまり、「みかんが、おいしい」ではなく、「柑橘系の匂いで、気持ちがリラックスしました」「ビタミンCが豊富で、風邪を引かない気がしました」「指が黄色くなって、みかんをたくさん食べていた子どもの頃を思い出しました」などと考えていく。

「おいしい」「きれい」「かわいい」などの形容詞で意見を言ったつもりになっている脳みそとは、今日でサヨナラするんだ。

どうやって形容詞以外の言葉を思いつくか。そのコツは3つある。

① **聴覚、味覚、視覚、嗅覚、触覚などの五感を使って表現する。**

例えば、大くんがホラー映画を観に行ったとする。「おもしろい」「やばい」とつい言いたくなる。そこをグッと我慢して、「鳥肌が立った」「髪の毛が逆立つかと思った」「ちびりそうになった」など自分の身体感覚で表す。

②「一緒に映画を観ていた彼女は、ずっと目をつぶっていた」みたいに、**自分以外の人の様子を交えて表現する。**

③「私が過去に観た映画の中でも3本の指に入る怖さ」と、**自分の過去や思い出の中から探してくる。**

こういうトレーニングを積んでいると、自然に考えられるようになるよ。何よりも大切なのは、形容詞を使わないいって決めることだ。さぁ、やってごらん。

point

「自分の五感」「他人の様子」「過去や思い出」から語る

question.
3

to： 和田先生

subject： 単語（点）は浮かぶけど、
文章（線）にならないのですが……

　和田先生、ありがとうございます。

「30秒で10個の単語を思い出す」「形容詞を使わずに語る」。2つとも納得できました。そして、すぐに取りかかってみました。ところが、どうもうまくいきません。

　確かに、頭の中に「二等辺三角形」とか「ビタミンC」などの単語は浮かんできます。でも、それだけ。単語だけがパッパと頭に出てくるだけで、文章にならないんです。

　先生、単語だけじゃなく、頭にスラスラと文章が浮かぶコツを教えてください。

method. 3

電車の外の風景を、そのまま実況中継しよう

なるほど、「単語は浮かんでも文章にならない」か。

いいところに気づいたね。これはある程度、言葉が頭に浮かぶようになった人にやってくる次の関門です。

「単語から文章へ」。赤ちゃんの言語が発達するのと同じ過程だね。心配しなくてもいいよ。いまのところ、スラスラと語れるようになるためのステップを着実に踏んでいる。では次に、点（単語）から線（文章）につながるようにしていこう。

いきなりだが、オリンピックの話をしよう。

１９６４年の東京オリンピックね。

残された映像を見ると、雲ひとつない青空の中、入場パレードが行われているよね。

実を言えば、前日まで台風の影響で雨だったんだ。日本中が天気を心配していた。

そんな状況だったからこそ、元ＮＨＫアナウンサー北出清五郎さんは、マイクに向かってこう言ったんだ。

「世界中の青空を全部東京に持ってきてしまったような、素晴らしい秋日和でございます。何か素晴らしいことが起こりそうな国立競技場であります」

見事だよね。これ以上の実況はないと思う。

情景を見て、それをどう言葉にするか。箱根駅伝、ワールドカップのサッカーや、ラグビー、野球に相撲。勉強材料はいくらでもある。

大くんもスポーツを観戦するときに、アナウンサーの実況に注目してごらん。実に見事に目の前の風景や状況を言葉にしている。いい勉強になるよ。

―あらゆるものを実況中継してみよう―

「そんなの見ても、レベルが高すぎて参考にならない」と君は言うかもしれない。確かにそうだろう。

でも、自分の学ぶ先にお手本があるというのは、素晴らしいことじゃないか。大くんは、まずこんなことからはじめてみよう。

電車に乗る。窓に映る景色をアナウンサーのように、頭の中で実況するんだ。

「夕方です。屋根が見えます。たくさんあります。茶色が多いです」


こんなのでも十分。

なぜなら、君が苦手と言った「文章」になっているから。

「単語から文章」にするコツは、自分で状況を実況することなんだ。

それを進めて、君の会社が作ったポスターを実況してごらん。

「アイスクリームが輝いています。スプーンが半分ほどささっています。アイドルタレントの笑顔が見えます」と語っていくんだ。

これだけでぼんやり眺めているときより、格段にポスターの理解力が深まるはず。

A案とB案があれば、両方とも実況中継してみよう。すると、2つのポスターの違いが、実況になって現れてくるはずだ。

その違いがわかるようになれば、急に質問が飛んできても、「このスプーンの入れ方がA案のほうがいいですね」くらいの答えは簡単にできるようになるはず。

まずは、それで十分なんだ。「なんか、A案のほうが個人的に好きです」程度しか言えなかった大くんからすれば格段に進歩しているよ。

さぁ、やってごらん。

point

目の前に見えているものを声に出して、文章を作る

Day 1　著者の解説 1

さて、著者からの解説を加えましょう。
ここまで山崎大くんは、和田先生から3つのことを学びました。

1　30秒で10個の単語を思い出す
2　形容詞を使わずに語る
3　目の前のものを実況中継する

まだ1日目がはじまったばかりなのに、大変な分量です。こんなに矢継ぎ早に、「さぁ、試してごらん」と言われても無理だとは思いませんか。量に圧倒されて、ひとつもものにならない気がしませんか。でも、私は和田先生の気持ちがわかります。何冊「ノウハウ本」を買っても、身につかなかった経験があるからです。

通常、「ノウハウ本」は作者の経験を元に書かれています。ご本人には大変役に立ったのでしょう。しかし、そのやり方が万人に通用するとは思えません。大半の場合は、「あぁ、いいことを知った」で終わり。行動に移す人はほとんどいません。

和田先生は、そんな清涼飲料水のような一過性の教え方では満足しないのです。

1日目の目的は、大くんが「ボキャ貧」と嘆いている脳に、言葉を取り戻すための基礎トレーニングです。いわば脳の「筋トレ」のようなもの。イメージとしては、高校や大学の受験勉強をしていた頃の引きしまった脳を取り戻すこと。

和田先生は、大くんに受験や試験勉強をしていた頃のシャープな脳を取り戻させようとしています。だから、さまざまなトレーニングメニューを提示しているのです。

あなたも、どのメニューからはじめても構いません。

電車に乗ったら「実況中継」。人と会話をするときには「形容詞禁止」。空いた時間では「30秒に10個」、とTPOに応じてトレーニングをする。休まない。ぶよぶよした脳の贅肉を、思い出し、語り、実況することで引きしめるのです。

あなたを言葉のアスリートにするメニューはまだ続きます。さぁ、進めましょう。

question.

4

to： 和田先生

subject： そもそもボキャブラリーが、圧倒的に少ないんです

和田先生、続けてメールを出します。お忙しいのに申し訳ございません。
「30秒に10個」「形容詞禁止」「実況中継」と朝から時間を見つけて繰り返しています。でも、先生、やればやるほど自分の中には、言葉があんまり入ってないんじゃないかと思うのです。

文系の先生と違って、理系の私はどうにも基本的なボキャブラリーが少ない。覚えていないのですから、思い出せるわけもありません。

そこで先生、言葉を覚えるコツというか、暗記力を増進させる方法を教えてください。

method.
4

覚えた言葉を、「鏡の中の自分」に語りかけよう

「覚えてなければ、思い出せない」。なるほど、うまいこと言うねぇ。結構、語りのセンスがある。心配しなくていい。どんどん、前に進もう。

今度は、暗記力を高める方法だね。では、早速、パソコンの横に置けるくらいの鏡を用意してほしい。

暗記で一番やってはいけないのは、座ったまま目をつぶって、うんうんうなりながら覚えることだ。これでは、自分の内側としか会話していないことになる。暗記ってものは、「人に教えよう」と思ったときに威力を発揮するんだよ。

そこで鏡だ。パソコンの横に、顔の表情が写る大きさの鏡を置いてほしい。

そして、鏡に写った自分に覚えたことを教える。周りから変なやつに見られるかも

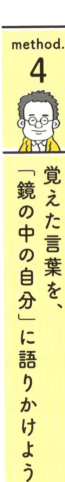

しれないけれど、身振りや手振りをつけて、覚えたことを教えてやってほしい。

「よし、では、東北の県庁所在地を復習しよう。

岩手は盛岡、宮城は仙台。この2つだけ、県と県庁の名前が違うんだ。あとは、青森は青森、秋田は秋田、山形は山形、福島は福島で6県。ね、簡単だよ、岩手と宮城は要注意だ」

なんて、地図を確かめながら語っていく。こうして、鏡を眺めていたら目を閉じることもない。眠くなることもない。はじめはちょっと恥ずかしいけれど、実に有効な方法なんだよ。これは、某有名女子校から広まった方法だと学生が教えてくれたんだ。大くんもマネしてみるといいよ。

家にいるときは、体全体を使って覚えよう。**自分が教壇に立つ先生になったつもりで、声を張り、身振りを大きくし、「ここが大事だぞ！」と念を押しながら語っていく。**

「覚える」というより「教える」という気持ちになる。ここがキモなんだ。

ー暗記習慣を身につけるー

例えば、大くんは、干支を全部言えるか。星占いの星座を順番に言えるか。万葉集を覚えているか。魚へんの漢字をいくつ書けるか。

脅しているわけじゃない。いまは知らなくても、書けなくてもいい。しかし、今日からは、**1日ひとつ暗記するようにしてほしい。なんだって構わない。脳みそに「怠けちゃいけないよ。今日も暗記するからね」という信号を送ることが大切なんだ。**

私が自分の文章がうまくなったと実感したのは、日本の名作文学にある出だしの一行を覚えはじめた頃だったんだ。

「幼時から父は、私によく、金閣のことを語った」（『金閣寺』三島由紀夫）「おい、地獄さ行ぐんだで！」（『蟹工船』小林多喜二）とかね。

毎日覚えていくと、「記憶脳」がどんどん仕事をするようになる。暗記習慣を身につけよう。

最後に少し足しておくよ。目の動きだ。**暗記をするときは、目を閉じちゃいけないと書いたよね。一点を見つめるのもよくない。むしろ左右に動かす。上下に動かす。視覚情報をいっぱい取り入れながら覚えるといいよ。**

視覚情報と一緒に覚える方法をもっと広げると、覚えたいものをポストイットに書いて、部屋に貼る方法もある。

冷蔵庫に「仙台」、トイレのドアに「盛岡」と書いておけば、その風景と共に記憶できるということ。暗記力を高める方法は他にもいろいろある。自分でも工夫してみよう。

まずは、鏡を机に置いて。さぁ、やってごらん。

point

暗記のコツは、大きな身振り手振りで、念を押しながら語ること

question.
5

to： 和田先生

subject： 必要なことだけを、効率的に覚える方法ってありますか？

暗記のコツ、大変勉強になりました。思えば、純粋に何かを覚えたのは大学受験の頃が最後。いまはスマホでなんでも調べられるので、暗記することなどほとんどありませんでした。がんばります。

しかし、先生、また相談です。そうは言っても県庁所在地を覚えたところで、会議や日頃の会話にはすぐに役立ちません。暗記で大切なのは、重要なポイントだけを効果的に記憶して、それを現場で活かすことだと思います。

先生、実践的で、効果的で、しかもラクな（笑）暗記法があったら教えてください。

method. 5

なにかを得たら、3つ以外は捨ててしまおう

なるほど、確かにただ暗記力を高めるだけでは、「暗記が得意な人」で終わってしまうね。では、大くんの言う「実践的で、効果的で、しかもラクな（笑）」暗記の方法を教えよう。これは、小学生が劇的に成績を上げるための方法で、

「授業が終わった直後に、『今日は何を習ったか』を3つ記憶する」

というシンプルなものだ。習ったことは、時間を置かずに3ポイントに要約する。

これだけで、習ったことが頭に定着する。その積み重ねで成績が上がっていくんだ。

これと同じことを、ビジネスでも応用してみるといい。

会議が終わったあと、「この会議では何が話し合われたんだ？」と考えて3つにま

とめる。決まったことがあれば、それも3つにまとめる。1つ、2つだと会議全体をカバーできないので、3つがいい。それ以上だと覚えきれないからね。ノートにサッとこの3つを書いておく。

会議の内容を3つに絞って、それを暗記する。これだけで次の会議のときに「前回の会議のポイントは、3つありました」と発言できる。とても効果的だろ。

―人の話も3つ覚える―

これは、人の話を聞くときにも有効的なやり方です。会議で人の発言を聞くとき、闇雲にノートをとってもあとで見返すことはほとんどないだろう。

「この人は、要するに何が言いたいんだ?」と考えながら、話の重要ポイントを3つにまとめる。

その人に質問するとき、あるいは会話する機会があったら、まとめた3つの単語を使って話してごらん。

「あぁ、山崎は私の話を実によく聞いていたんだ！」と感激されるはずだ。

プレゼンテーションも講演会も、およそ話を聞くときは、3つのポイントにまとめる努力をしてごらん。それだけで、大くんが望んでいる「実践に役立つ暗記」が身につくはずだ。


大切なのは、「3つの選び方」だ。私は学生時代から、この「3ポイント暗記」をやっていた。

3つ選ぶポイントは、先生が、**「ここ重要だぞ」と言ったところ**。これは確実に覚えた。さらには**「つまり」**、**「結論は」**、**「言いたいのは」とその人が意見をまとめようとした言葉のあと**。こんな言葉が出てくるとサッとメモした。

あとは、その授業や会議の中で、**何度も口にしたひと言。発言者の声が大きくなった言葉、争いになった単語などに注目しておく**。ノートの端に、気になる単語を書いておくんだ。


例えば、「倉庫の移転先を決める会議」があったとする。

千葉の幕張派と埼玉の所沢派に分かれ、どちらに移転するかでもめていた。幕張派は「われわれの意見は、海の近さだ！」と言い、所沢派は「従業員にとって通いやすいことが重要だ！」と言った。

こんな議論だったら、「移転先」「海」「社員通勤」と**議論の中心になったキーワードだけをまずメモしよう。まずは、単語だけでいい。**

そのあとすぐに、3つ単語を使って、「前回は倉庫の**移転先**が議論されました。幕張を主張される方は、**海路**を活用できる優位性を語り、所沢を主張される方は、**社員の通勤**のしやすさを主張されました」と文章にまとめよう。

単語だけじゃ、あとでわからなくなる。すぐに「文章化」していくのがコツだよ。

さぁ、やってごらん。

point

単語を3つ選んだら、すぐに文章化する

Day1 著者の解説 2

1日目が終わりました。

和田先生から大くんが学んだのは、「30秒で10個の単語を思い出す」「形容詞を使わずに語る」「目の前のものを実況中継する」という言葉を思い出すテクニック。さらに「教えるように暗記する」「3つの単語に要約する」という言葉を暗記する方法でした。大くんが日頃感じている「言葉が空っぽの脳みそ」に言葉を注ぎ込む方法は、使わないうちに忘れてしまった言葉を思い出すこと。そして新しい言葉を暗記することの2つです。

和田先生は、今日1日で大くんの脳みそに、「思い出す、覚える、思い出す、覚える、思い出す、覚える」という刺激を与え続けたわけですね。

脳はとても怠け者です。いつも「ラクしたい」と考えています。だから「やばい」という言葉が、「おいしい」「かっこいい」「危険だ」なんて意味にも使えるとなったら大喜び。「やばい!」という言葉がいつでも口から飛び出す脳になってしまうのです。

「図形」にしても、「まる、さんかく、しかく」くらいでなんでも対応していると、「直角三角形」や「平行四辺形」のような言葉がホコリをかぶってしまいます。

記憶も極力したくない。できることなら、人の名前も覚えたくない。私たちは意識的に名前を口に出し、何度も話しかける努力をして、脳みそに「この名前は覚えなくてはいけませんよ」という信号を送る必要があるのです。

そんな脳でも、働き者になることがあります。好きな人の名前や住所、誕生日などは意識しなくてもあなたは覚えられたはず。つまり、興味のあるもの、好奇心のあることに関して、あなたの脳は、最高のパフォーマンスを発揮します。

今日、和田先生から教わった内容も、イヤイヤやっていたのでは、怠け者の脳みそは動いてくれません。学んだ方法を1日中、とっかえひっかえやってみることで、怠惰な脳をたたき起こし、頭に言葉が満たされるようになるのです。

みなさんも、ここでへこたれずに、興味を持って読み進めてください。たくさんのノウハウの中からひとつでもいい。自分に合ったものをつかみ取ってくださいね。

Day
2

考える習慣をつける

考える習慣が身につくと、散らかった頭の中を「まとめる」ことができるようになります。

「人の頭で考える」「『なぜ?』と問う」「制約をつける」「仮説を立てる」「ひとりブレスト」のメソッドを活用し、「結局、何が言いたいの?」と言われる自分から卒業しましょう。

question.
6

to: 和田先生

subject: 「それは、ひとりよがりの考え方だ」ってよく言われます

先生、2日目もよろしくお願いします。

恥ずかしい話ですが、私には「考える習慣」がないようなのです。もちろん全く考えてないわけではなく、「これが正解だな」「こういう解決法もある」というような思いは、頭の中にあります。

でも、それを発言すると「ひとりよがりじゃないか」とか「考えが狭いな」と言われることが多いんです。先生、どうすれば広い視点で、物事を考える習慣が身につくでしょうか。

method.
6

「人の頭で考える」クセをつけよう

おはよう。「考える」って確かに難しいよね。自分では一生懸命考えたつもりでも、自分の育った環境や知識、教養の範疇で考えたものだと、決めつけや思い込み、ひとりよがりな意見だと思われてしまう。

よろしい。2日目は、論理的に深く考える前段階として、簡単に「考える習慣」を身につける方法を伝授しよう。

まずは、「人の頭で考える」ということ。このトレーニングによって、「ひとりよがり」な考え方から抜け出せる。エピソードを交じえて紹介しよう。

私が広告制作をはじめた頃の話だ。

競合プレゼン前で、コピーライターやCMプランナーが頭を抱えてアイデアを考えていたんだ。そのとき、この仕事を統括するクリエイティブディレクターが、こんなことを言ったんだ。

「もし僕以外のクリエイティブディレクターなら、どんなことを考えるかな」

気分を変える雑談のようなもの。でも、みんなが人の頭で考え出したんだ。

「Oさんは、『インナー（社内）に効くものは消費者に効く』ってよく言っています。先方の会社のモチベーションが上がることを考えることも大事かも」

「Kさんは、いつも『広告はわかりやすいほうがいい』って言いますね。いまここに出ているアイデア、ちょっと難しいかもしれないなぁ」

「そういえば、Mさんは、『いいキャッチコピーには絵をつけないほうがいい』って言っていたな。あの表現、絵がコピーを殺してますよね」

など、次々とアイデアが閃いてきた。もちろん、この競合には勝ったよ。

人の頭で考えて、視点を増やす。視野を広げる

自分の頭だけで考えようとすると、自分の知識、経験値、好みなどに縛られて、どうしてもひとりよがりになってしまう。

「人の頭で考える」目的は、自分以外の視点を持つことで、ものを多角的に見られるようにすることなんだ。

例えば、大くんが忘年会の幹事を頼まれたとする。大くんはボーリングが好きでカラオケが苦手だとする。だから「ボーリング大会」と決めたとして、参加者全員が喜ぶだろうか。

「部長の頭」で考えたら、「ボーリングは全員が揃わないとゲームがはじまらないから、業務上難しい」と判断するかもしれない。

女性社員なら、「点数をつけられる競技は楽しめない」と思うかもしれない。

こうやって人の頭で考えることで、みんなが喜んでくれる宴会が見つけられるんだ。

優れた営業マンは、「相手の先の先を見る」と言われる。ただ目の前の得意先を説得することに満足するのではなく、その得意先が上司に説明するときにわかりやすいように話せということだ。

これも、「得意先」の頭になって考えるところから生まれた極意に違いない。

「人の頭で考える」ことによって、視野が広がる。たくさんの視点を持つことができる。これ、なんにでも応用可能なテクニックだよ。さぁ、やってごらん。

point

「あの人だったらこう考えるだろう」で視野がグンと広がる

question.
7

to: 和田先生

subject: 「なぜ?」と聞かれると、思わず戸惑ってしまいます……

和田先生、ありがとうございます。「人の頭で考える」、目からウロコでした。

でも、今日、またショックなことがありました。得意先の店頭に、うちの調味料を並べる手伝いをしていました。

その並べ方に関して、得意先から「なんでこういう並べ方をしたのか」と尋ねられたのですが、「このほうがいいと思ったから」としか答えられず、先方に渋い顔をされてしまいました。

自分が考えて行動したことをちゃんと説明できないと、信頼を失ってしまいます。「なんで、そうしたのか?」に答えられるようになりたいです。

method.
7

日頃のなにげない行動ひとつにも、理由づけをしてみよう

大くん、「なんで、そうしたのか」に答えられないのには簡単な理由があるんだよ。それは日頃から「なんで、そうしたのか」と考える脳のクセができていないからなんだ。

さて、今日のランチ。大くんは何を食べるだろうか。
例えば、会社から近いラーメン屋に入ったとしよう。そして、「少し並んだけど、ここのラーメンは、やっぱりおいしいな」くらいのことは考えるかもしれない。

でも、それじゃ考えが足りないんだ。「なんでラーメンを食べたいと思ったの？」に対する理由を、声に出して言ってみよう。
「急に気温が下がって、温かいものを食べたくなったから」「先日の健康診断の結果がよかった。今日くらい炭水化物を詰め込みたいと思った」「朝、テレビでラーメン屋特集をやっていた」など、考えればいくつかの理由が浮かぶだろう。

考えつくだけ考えてほしい。そして、ブツブツとでいいから声に出してほしい。

大くん、いいかい。**行いの源は、頭の中にあるんだ。大くんの行動は、すべて脳の命令なんだよ。**

だから、自分がいま行なっていることに対して、脳がどんな命令を出したのかを考えることが大切。それが、自分をコントロールする一番の近道なんだよ。

今日のケースで言えば、大くんがディスプレイを並べるときに、「こうしたほうが取りやすいな」「子どもがぶつかっても崩れにくいように」「あの角の先からでも見えるように」などと考えながらやったはずだ。それが「行いの源」だ。

そうやって頭の中でぼんやり考えているものを、今後は、「取りやすいように」「崩れないように」と口に出して言いながら作業してごらん。

脳の出した命令を自分で復唱しながら動く。こうしておけば、「〜なので、〜した」と考え、それを即座に語るクセが身につく。

これを繰り返すことで、理由が述べられる脳体質に変わっていけるんだよ。

若い君は、「どうしてこんなことをしたんだ！」と叱られることが多いだろう。それに悠然と答えるためにも、「なんでそうしたのか」を口に出しながら行動する習慣を身につけてほしい。

―主語を3人称にして考える―

自分の行動について考えるには、もうひとつコツがある。

それは、**「主語を『私』という1人称から3人称に変えること」**。こうすると自分の行動に少し距離ができる。客観性が生まれる。これによって考える力が身につくんだ。

1日目で「実況中継」の練習をしたよね。あれを応用して、大くんの行動をすべて3人称で語ってみるとこんな感じになる。

「彼は、マーケットに子ども連れが多いことを即座に判断した。子どもがぶつかっても倒れないように、一番下の段に並べる調味料の本数を多めに置くことにした。肉売り場からこちらを見ると、どうしても死角ができると思った彼は、肉売り場のほうに向けてポスターを貼ることにした」

なんて実況しておくと、**急に尋ねられても明確に、冷静に、答えられる。3人称にして行動に距離を置くと、客観性が増す分、説得力がつくんだ。3人称で、自分の行動を声にしていく。**さぁ、やってごらん。

point

自分の心情を声に出すと「～なので、～した」と説明できるようになる

question.
8

to：和田先生

subject：話していると、自分でも何を伝えたいのかわからなくなりがちです

ランチは先生に誘導されるように、ラーメンを食べてしまいました（笑）

そのとき、同僚から、「大は口下手じゃないよ。むしろ、話が長すぎる。途中で何を話しているのかわからなくなる。自分でもわかってないだろう」と言われました。確かに私は、話し出すと止まらなくなります。

口下手なのに無駄口が多い。話がとっちらかって、収拾がつきません。先生、必要なことを短くキリッと伝える方法を教えてください。

method.
8

「○○しばり」で要点を明確にして、頭の中を整理しよう

大くんのような子は、私が教えている学生にもたくさんいるよ。

「無口だなぁ」と思っている子が、突然堰《せき》を切ったかのように話しはじめる。全部を説明しようとするのか、話があちこちに飛んで、やがて収拾がつかなくなる。これも口下手のひとつの症状だよね。


こんなイメージを思い浮かべてほしい。

棚の上にしまっていたジグソーパズルを3箱、間違って落としてしまった。ひとつは清水寺、ひとつは自由の女神、ひとつはモナリザだ。そのピースが床中に散らばって収拾がつかない。さて、大くんはどうやってパズルを仕分けするだろう。

簡単だね。まずは、「モナリザから集めよう」と、集めるものと集めないものを仕分けする。「モナリザしばり」で制約をかけるんだ。できたら次に、「自由の女神」、最後に「清水寺」と整理していく。

もし、ひとつのピースをつまんで「これは自由の女神かな？　清水寺かな？」なんて制約せずにやっていたら、膨大な時間がかかる上に、混乱状態がずっと続く。

実は、制約をつけずにピースを探している状況が、長舌であちこちに話が飛んで、意味がわからない大くんの説明なんだ。

もうひとつ例をあげよう。

大くんが、彼女に贈る誕生日プレゼントを考えるときだって、漠然とネットを眺めたり、街を歩いていてもらちがあかないよね。

「彼女の好きなブランド」「長く使ってもらえるもの」「1万円以内」と制約を決めることで、素敵なプレゼントが見つかる。

センスのいい人の多くは、制約条件の設定がうまい人なんだ。

カラオケのときに歌う曲を、「春うたしばり」「失恋ソングしばり」「アニソンしばり」などにしたりするよね。

あの要領で、**人と話すときに、「いまはこれだけを話す」と「しばり」をかけてみよう。**

「それにつきましては、ユーザーのご意見から説明させていただきます」

「宴会場の設定については、1人5000円という金額で可能な場所の話をさせてください」

「うん、いまの話で君が聞きたいのは、『昨晩、僕がどこにいたか』ということだね」

と、どこがポイントかを明確にして、それ以上は話さない。たくさん話す必要はないんだよ。

―主張はひとつ、理由は3つ―

短く語るために、「制約」の他に大切なことを教えておこう。

それは**「主張はひとつ、理由は3つ」**という原則。**これが、短く論理的に人に伝えるための極意なんだ。**

理由の3つの探し方はいろいろあるけれど、主に「トレンド」「特性」「お得感」で

考えてみるといい。

「私は、A社のアプリ導入を提案します。理由は、私たちの多くのユーザーが利用し勢いがあること（**トレンド**）、操作性が高く、誰にでも簡単に扱えること（**特性**）、蓄えられたデータを私たちも使用できること（**お得感**）」となる。

彼女にプレゼントするマフラーを選ぶときも、「色は赤。今年のラッキーカラー（**トレンド**）、彼女の暖色系のコートに合う（**特性**）、イタリア製の割には安い（**お得感**）」と考えていく。

とっちらかった考えに「制約」をつける。ひとつに主張が絞れたら、3つの理由をつけて語る。かなり考え方が整理されるよ。さぁ、やってごらん。

point

話がわかりやすい人は、制約条件の設定がうまい

Day 2　著者の解説 1

2日目です。和田先生は、1日目の「言葉を思い出す」に加えて、「考える」ことを言及しはじめました。初日は、「脳の筋トレ」の要素が強かった。しかし2日目は、脳の本来の機能である「思考」の方法を語りはじめたのです。

これまで私たちは、「自分の頭で考えろ」「自分らしさを出せ」「自己表現せよ」とオリジナリティを出すことがいいことだと教わってきました。しかし、和田先生の考えは違います。まずは、「他人の頭で考えてみよう」と提案しています。自分にとって一番わからないのは自分。「自分の考え」なんて、そうは簡単に浮かばない。ならばまずは、よく知っている人、信頼できる人ならどう考えるだろうと思い描く。人の考え方に則って考えるうちに、だんだんと自分の考えが見えてくる。

この効果を発揮するには、「あの人の考え方はすごい、面白い」と思える人をストックしておかなければなりませんね。

続けて先生は、「3人称を主語」にして「なぜ、そういう行動をとるのか」の理由を説明するクセをつけろと言いました。

「他人の頭で考える」から「自分の頭で考える」までのブリッジとして、自分の行動を「彼は、彼女は」と語ることで客観的に見る訓練を促したのです。自分の考えとなると、いきなり感情をむき出しにしたり、凝り固まった思想にしばられてしまいがちです。それを回避するためのアクションでした。

「考えに制約をつける」は、話すことはできても、考えをまとめられない人に向けたアドバイスでした。「制約条件」を課して、それから外れるものは捨てる。主張したいことがひとつに決まったら、それ以外は排除して話さない。「ひとつの主張に3つの理由」という、語るときに大切な型にまでたどり着くことができました。

自分の頭で考えることに自信のない人には、まず、「他人の頭で考え」「自分を客観視し」「考える幅を制約する」クセをつけようというのが和田先生の教えでした。

さて、大くんはどこまでこの学びを実践することができるでしょうか。考えれば考えるほど、意気地がなくなる、なんてことがないように、私たちも彼を励ましながら、読み進めていきましょう。

question.
9

to：和田先生

subject：「君の発言は、オリジナリティがない」と言われました……

先生、ありがとうございました。確かに僕は、何か言われるとビビって話し出してしまいます。何も考えず、脳を経由しないで口先だけで話してしまうんです。ひとつに制約して語る。以後、気をつけます。

さらに、先生に質問です。先ほど同僚の太田に「そもそも、大の発言は誰かの意見の受け売りで、オリジナリティがない」と言われてしまいました。その通りなんですが、なんか悔しいです。

先生、「新しい提案」を積極的にしていくには、どんなことからはじめればいいですか？

method.
9

「〇〇という考え方」で仮説を立ててみよう

大くん、私も若い頃はよく「受動的」で「オリジナリティがない」と言われて悩んでいたんだ。先輩にこの悩みを打ち明けたところ、「和田の意見には、仮説がないからだ」と言われたんだよね。

「おまえは、アイスクリームを見て、『このアイスは、白くて、冷たくて、おいしい！』と言っているだけなんだよね。そうじゃなくて自分の仮説を語ってほしいんだ。難しい話じゃない。『〇〇という考え方』と最後につけると、だんだんと仮設を立てて語れるようになる。それがオリジナリティにつながるんだ」

「〇〇という考え方」。簡単な言葉だけど、私が発する言葉はガラリと変わったよ。

「アイスは、バケーションという考え方」「アイスは、国民食という考え方」「アイスは、クールビズという考え方」「アイスは、映画という考え方」「アイスは、いのちという考え方」「アイスは、プロポーズという考え方」「アイスは、祝福という考え方」

思いつくままに30案くらい出した。

すると、それまでの「アイスは、白くて、冷たくて、おいしい」と書いていた頃とは、明らかに違う「仮説」を立てて考える力がついてきた。

他の人とは違う意見を出すコツも身についてきたんだ。

―「○○という考え方」が、戦略脳をつくる―

先輩は、「白くて、おいしい」を、「言葉のスケッチ化」と言っていた。アイスクリームの見た目だけを絵に描いているようなもの。

それに対して、「○○という考え方」は、「言葉の戦略化」と名づけていた。アイスクリームに、これまでとは違った場所、人、やり方などをくっつけてどんどん新しい

仮説を立てていくイメージだね。

大くんも、ぜひ「○○という考え方」を日頃の会話に取り入れてほしいな。考えるクセをつけるために、日常生活でも積極的に使ってほしい。

彼女をディナーに誘うとき、「和食にしようかなぁ、焼肉にしようかなぁ」と考えるのではなく、「ディナーで、エネルギーをつけるという考え方」「ディナーで、和むという考え方」「ディナーで、海外気分を味わうという考え方」「ディナーで、学生時代に戻るという考え方」なんて考える。こうすると、狙いがハッキリしてくる。

狙いとは、「切り口」ということだ。「コンセプト」の意味だ。

「○○という考え方」を口グセにするだけで、戦略脳が作れるんだ。

ひとつ成功例を挙げておこう。

私の知り合いの地方のホテル。有名ではあるけれど、お客さんは地元の高齢者が温泉に入るだけになっていた。

そこで社長が、「**わがホテルは、〝ディズニーランドやＵＳＪのような施設〞という**

考え方をしよう」と従業員に呼びかけたんだ。

とたんに、温泉内を小さい子どもが走っても転ばない床になり、家族全員がゴロ寝できるベッドが生まれ、山の中腹にあるプールと頂上のホテルがゴンドラで結ばれた。従業員自らがスタンプラリーのスタンプを作り、あっという間に、小さな子どものいる家族で大人気のホテルに変わったんだ。

地方の老舗ホテルには、格式も伝統もある。イメージを変えることで、これまでの顧客が離れていく可能性も考えられるだろう。

ところが「ディズニーランドやＵＳＪ」という仮説は、大顧客だったご老人たちにも「孫と一緒に遊べる場所」へと変身し、大好評になった。

「○○という考え方」で仮説を立てる。誰でもすぐにできるよ。大くんも、さあ、やってごらん。

point

言葉の戦略化で、自分なりの「切り口」が生まれる

question.
10

to: 和田先生

subject: 考えているつもりなのに、アイデアが浮かばないんです

先生、夕方に会議がありました。その席で、新製品の調味料について、「調味料を携帯するという考え方」と言ったところ、「お弁当にも使えるようにできないか」「小分けにしてみようか」と私の考え方をみんなが膨らませてくれました。これも先生のおかげです。

これまで私は企画を出しても「これしか考えていないの?」と言われたり、「もっとたくさん考えてくれよ」と言われてきました。

これを機に、新しい発想やアイデアをたくさん思いつくようになりたいです。どうすればいいでしょうか。

method.
10

「ひとりブレスト」で脳みそに嵐を巻き起こそう

大くんも「ブレインストーミング（＝ブレスト）」という発想法を大学や会社でやったことがあると思う。まさに、「脳みそに嵐を巻き起こす」方法だ。

通常は複数で、課題に対するアイデアを出し合う。

その際、①人の意見を批判しない　②自由に発想する　③質よりも量を重視する　④アイデア同士を結合する、という4つがルールとされていることは、君も知っていると思う。

実は、「ものを考える」ということは、1人でブレインストーミングをすることなんだよ。

批判を気にせず、常識も前提も無視して、量を考える。スマホで検索し、いい情報があったらそれも書き込む。「こんなアイデア、つまらないなぁ」と否定することな

くどんどん紙に書き出す。これを習慣化しよう。

―頭に浮かんだもの、だけではなくても大丈夫―

でも、「いっぱい考えろ！」と言われても、どれくらいが「いっぱい」なのか目安がないよね。

私たち広告会社では、「1人1日100案考えろ」と昔は言われたもんだ。考えて考えて、論理も脈略もなくなって、自分を追い込んだときにパチンとはじけるものがある。これを「クリエイティブ・ジャンプ」なんて言っていた。

でも、大くんは、プロのコピーライターじゃない。ここまで自分を追い詰めなくてもいい。私の経験値からくる目安では、**33案だね。「案」と言っても立派なアイデアである必要はない。「思いつき」や「ネタ」で十分なんだよ**。

ちょっと練習してみよう。「東京タワーの魅力を伝える」というお題で考えよう。

１つ目に、まず頭に浮かんだことを書こう。「赤くて尖っている」、そう思ったら素直に書く。

２つ目に「東京のシンボル」という言葉が頭をよぎった。それを書く。

その瞬間、「いま、東京のシンボルはスカイツリーかな？」と思ったら、横にメモしておこう。

とにかく頭に浮かんだことを書いていくんだ。

ちょっと詰まってきたら、スマホで「東京タワー」と検索してみよう。

「正式名は、日本電波塔」「灯りが消える瞬間を見たカップルは恋が成就する『ライトダウン伝説』」「６００段の外階段から見る東京」「御朱印が人気。東京で一番高いところにある『タワー大神宮』」なんてネタが次々と上がってくる。

面白いと思ったものを箇条書きに書いていこう。

「え？　こんなものがアイデアなの？」と思うかもしれない。

確かに、この段階では「アイデア」ではない。自分の脳みその中にある言葉と検索で集めた「ネタ」に過ぎない。

でもね、大くん。「アイデア」ってものは何もないところからは出ないものなんだ。

まずは、自分で集められる情報や、パッと浮かんだ思いつきをどんどん書き出す。

これをやらないで、ぼんやり考えていたってアイデアの神さまは降りてこないんだよ。

さて、33案書いたら、全体を眺めてみよう。「つまんねー」なんて思わない。

そこにあるのは大くんの思考の「流れ」だ。たくさんある検索情報の中から自分の好みで選んだネタだ。全部で33個だから眺めるのも苦じゃない。

33案広げて、くっつける

その中で一番面白いと思ったものをピックアップしよう。

例えば、「600段の外階段」が面白そうだと思ったとする。そしたらそれに、「タワー大神宮」という情報をくっつけてみる。

「受験生のカップルが、合格祈願のために階段を登ってタワー大神宮にお参りする」。

２つ合わせれば、そんな風景が見えてくるよね。
これはもう、ちょっとしたアイデアだ。
33個のネタをくっつけて、新たなアイデアを考えてみよう。

これは、あらゆるシーンで応用が効くよ。
仕事でミスをしてしまい、得意先に謝りに行かなければならない。「どうしよう！　どうやって謝ろう……」なんてビクビクするひまがあったら、どうすればこの難所を乗り切れるか、33案ネタを出してみよう。

「先方の部長に直接謝る」「うちの部長と関係部署の人にもついてきてもらう」「善後策を考える」「スケジュールを作る」「謝るときには、背中を丸めて、ゆっくり頭を下げる（スマホの情報から）」「笑わない。口角を下げる（スマホの情報から）」「得意先にも非があるけれど、今日は言わないで後日相談」……、なんて考えてごらん。

33個も出せば、さまざまな状況が網羅できる。不安なんてものは、先々の段取りが見えてくれば消えちゃうものなのさ。

企画書を作るときも、すぐにパソコンに向かわない。

この企画で何を言いたいか。何が難しいポイントか。スマホで見つけた関連ネタ。関係者のひと言。いま、頭に浮かんだ思いつき……、なんてものを33個集めてごらん。

いきなりパソコンに向かって書くよりも、濃密で面白い内容になるに違いない。

「それでも33案は難しい」と大くんは言うかもしれない。

しかし、大くん、大切なことは、33案という数字じゃないんだ。

例え9つのネタや思いつきしか集められなかったとしても、「あぁー、もうダメだ。僕には才能がない！」なんて嘆く必要はない。

「いまのところは9つ浮かんだ。あと24個考えよう」と思っていると、不思議と「これ、使えるかも」と思えるネタに遭遇する。

人間は「赤いものを見よう」と思って意識していれば、それに関連するものに気が

つくようになる。

その状態が、「アイデアを考える」というものだ。

そのとき思いつかなくてもがっかりするな。考え続けることを習慣にしよう。33個のネタが集められるようになれば、もう立派なアイデアマンになっているよ。さぁ、やってごらん。

point

33案出せば、アイデアの神さまが降りてくる

Day2　著者の解説 2

2日目が終わりました。和田先生が伝授したコツは、

1　人の頭で考える
2　自分の行動の理由を声に出す
3　考えに制約をつける
4　「○○という考え方」を連発する
5　思いつきや情報を33案書き出す

の5つでした。これらは脳に「考える」習慣をつけるのが目的です。

思い返すと、私たちは「考える」方法というものを、学校でほとんど習っていないということがわかるでしょう。

だから、和田先生のトレーニング方法に戸惑った方も多いのではないでしょうか。

さて、振り返ってみましょう。

1の「人の頭で考える」は、とかくひとりよがりになりがちな脳に、他者の思考法を流し込む方法でした。これで「他者の視点」で考える力がつくはずです。

2の「自分の行動の理由を声に出す」は、無意識で行いがちな行動を筋道を立てて考えるトレーニングでしたね。3人称で自分を語ることで、客観的に物事を見る力も学びました。

3の「考えに制約をつける」は、考えもなしに無駄口を叩いてしまうことのないよう、「主張はひとつ、理由は3つ」に制約して考える方法でしたね。考えを「まとめる」方法として大変効果的です。

4は「○○という考え方」を連発して「言葉の戦略化」をはかるやり方でした。老舗ホテルが「ディズニーランドという考え方」と考えた瞬間、みんなのアイデアが戦略化していった例を覚えておいてください。

5の「33案考える」は、こうした脳のトレーニングというものには考える「量」が不可欠であって、そのためには最低でも、33案情報や思いつきを書き出そうというものでした。

これらの脳のトレーニングは、話すためにも、書くためにも、公私に限らず必要になるものです。起きている限り、ずっとこれらの方法を駆使して頭を使い続ける必要がある。

そのためにも、楽しんでやらなければいけません。

うまくいかなくても構いません。ゲーム感覚で何度もチャレンジしてみましょう。考えることが好きになるはずです。

さて、明日は中日。いよいよ和田先生の講義も佳境に入ります。

「おい、山崎、新作ヨーグルトの社長原稿を書け！」

山崎大は、飛び抜けて優秀ではないけれど、素直な男でした。言われたことは、割と文句を言わずに実行する。この2日間、ひまがあれば「アメリカ大統領の名前10人」「子どもの頃に見たアニメ10作品」など思い出し、電車に乗れば、ブツブツと実況中継をはじめ、会議の席では「主張はひとつ、理由を3つ」をひねり出し、同期で行く飲み会の店を33案考える。機会があれば、和田先生に習ったことを実践していました。

広報・宣伝局　広報部長の出井は、大くんの変化に気づいていました。これまで発言の目立たなかった大くんが、急に的を射た意見を言う姿に「何か、あったな」と思っていたのです。

和田先生のメール講義がはじまる3日目。始業と共に出井部長は、山崎大を呼び、こう言ったのです。

「山崎、次の新作ヨーグルト、知っているよな。その新作発表の仕事をやってみないか。期間は、ひと月ある。そのチームに広報部員として参加して、記者会見用の原稿を書いてほしい。今回はわが社の命運を左右する商品なので、社長自らが会見に臨みたいとおっしゃっている。君の上には、宣伝部の阪田さんをつける。彼女は経験も豊富だ。しかし、書くのはあくまで山崎だ。君ならできる、以上だ」

大くんは、呆然としました。「いきなり、社長が読む広報原稿。そりゃ、荷が重すぎるでしょ！」。なんとか、断る言葉を探したのですが、こういうときに限って、また脳みその中に言葉がありません。

しかも、上につくのが阪田さん。宣伝部きっての弾丸トーク。その言葉のきついこと！　大くんは、これまで席の近くを歩くのも避けていた存在です。

席に戻って、遠くに座っている阪田さんを見る。髪の長くてメガネの似合う素敵な女性です。でも、朝9時だというのに、仕事モード全開でパソコンに向かっている。「やばいなぁ、やばいなぁ」と禁句の形容詞ばかりが浮かぶ中、彼はこの状況を和田先生に知らせようと、パソコンを開きました。

Day
3

論理的に発想する力をつける

一度「考える型」をマスターすると、どんな人でも自由自在に物事を考え、新しい切り口で考えることができるようになります。

ここでは「5つのWHY」「弁証法」「ターゲットの明確化」「擬人化」「バックキャスト」といった5つの方法を学びます。

question.
11

to： 和田先生

subject： 自分の発言に説得力を持たせるにはどうしたらいいですか？

……と、そんなわけで3日目です。

私はひと月後に、ろくに内容も知らない「新商品ヨーグルト発表用の社長原稿」を書くことになりました。

原稿を書くのもいやですが、ちょっと苦手な版田さんや弁の立つ広告会社の人たちとやりとりするのかと思うと、気持ちが萎えてきます。

先生、僕だけ何も知りません。遅れています。僕はどこから考えはじめればいいでしょうか。どうしたら、みんなに追いつけるでしょうか。

method. 11

物事の真意を知るために、「なぜ」を5回投げかけよう

大くん。大プロジェクトの参加、とりあえずはおめでとう。会社というのは案外人をよく見ているもんだ。ここは勝負のときだよ。

明蹊大学のスローガンを思い出せ。「一歩、前へ」だ。

では、講義をはじめるよ。心配や不安の大半は、「知らない」ことからくるものなんだ。今回の場合で言えば、「新商品のヨーグルト」。大くんは、みんなよりも圧倒的に情報量が少ない。

君が恐れている根本原因は、上司でもスタッフでもなく、自分が無知なことなんだ。

だったら、誰よりも深く商品のことを考えようじゃないか。

そのひとつのメソッドとして、〝トヨタ生産方式〟の生みの親である元副社長の大野耐一さんが考案した「5つのWHY」というものがある。早速やってみよう。

「もっと深く」と追い込んでみよう

大くんに与えられた使命は、「社長が読む原稿」を書くことだ。会場には新聞記者が大勢きている。彼らの仕事は「なぜ?」と質問することだろ。その「なぜ?」に的確に答えるためには、大くん自身が何度も「なぜ?」と問う必要がある。

それも5回問い続けるんだよ。やってみよう。

WHY① 葛原食品は、なぜこの商品を開発するのか?
↓(「そもそも、どうして?」の大原則を質問しよう)

ANS① 現在、ヨーグルト市場が拡大し、競争の激化が激しいから。
↓(世の中の動向やトレンドから考える)

WHY②　なぜ、市場が拡大し、競争が激しくなると、新商品が必要となるのか？
↓（ANS①をそのままWHY②に持ってくるのがコツ）

ANS②　現在の市場を牽引しているのは、「腸内環境」を整える機能性特化商品。現状、わが社にはこれに見合う商品がなく、このままでは後陣を排する可能性があるから。
↓（ANS①をさらに詳しく。市場状況や自社を取り巻く状況まで答える）

WHY③　なぜ「腸内環境を整える商品」がないと後陣を排するのか？
↓（ANS②をそのままWHYにしてさらにツッコミを入れよう）

ANS③　「腸内環境を整える」と謳った商品は、美容のみならず、風邪の予防からがんリスクの軽減まで訴えることができるため、ターゲット層が多岐に拡大できるから。
↓（ANS②より詳しく。最新の研究やターゲット論にまで切り込む）

WHY④ なぜ、美容のみならず、風邪の予防からがんリスクまで軽減できると訴えるとターゲットが拡大するのか？
↓（ANS③をそのままWHYに。しつこくツッコミを入れる）

ANS④ さまざまな健康リスクを抱えた家族の誰にでも、この商品は機能する。家族全員分のまとめ買い、商品の習慣化が可能になる。
↓（ANS③より詳しく。「まとめ買い」「習慣化」などの消費行動にまで言及しよう）

WHY⑤ なぜ、家族全員分がまとめ買い、商品が習慣化すると葛原食品に有利になるのか？
↓（ANS④をそのままWHYに。ギリギリと追い込んでいく）

ANS⑤　葛原食品は、120年の伝統を持つ老舗ブランド。信頼性も高い。伝統と新しい腸内環境を整える新機能で他社以上の顧客獲得が可能。
↓（ANS④より詳しく。自社の強みにまで言及する）

原則は、「WHY」のほうは、バラバラと質問を変えずに、前の答えを受けて、『なぜそうなのか』『どうしてそう言えるのか』もっと深く答えてみよ！」と追い込んでいくこと。

ものわかりの悪い頑固オヤジにでもなったつもりで質問しよう。

この「5つのWHY」は、物事を深く考えるときにはとても役に立つ方法だよ。

例えば、「いまの部署が自分に合わない」としよう。

・「なぜ合わないのか」↓「若者が私1人だから」
・「なぜ若者が私1人だと合わないのか」↓「周りの考え方が古くさいから」

・「なぜ考え方が古くさいと合わないのか」→「ネットに対する考え方が違うから」
・「ネットに対する考え方が違うとなぜ合わないのか」→「企画が通らない」

と考える。

すると、いまの部署がつまらない根本は「企画が通らない」ところにあるんだ、なんて気づくわけだ。

大くんも、まずは自分なりに、新商品について徹底的に考えてみよう。さぁ、やってごらん。

point

5つのWHYで核心に迫れば、言い逃れできない答えが見つかる

question.
12

to： 和田先生

subject： 思わぬ意見が出ると、すぐに頭が真っ白になってしまいます

先生。宣伝部の阪田さん、怖いです。いきなり「このヨーグルトが世の中から否定されるとしたらどこ?」と、怖い顔で聞いてきました。

また、頭が真っ白になりました。商品の優れた面にばかり目を向けていたので、すぐに思いつきませんでした。

阪田さんは「ネガテイブな面も見なきゃダメ。短所を長所に変える努力をしなくちゃ」と言います。正直、どうしていいのかわかりません。

短所を長所に変える? そんなこと、できますか。

method. 12

哲学者ヘーゲルの「弁証法」で、ピンチをチャンスに変えよう

阪田さん、プロフェッショナルだね。学生時代からよく勉強していたんだろうな。すばらしい。出井部長は、いい人を君につけてくれたな。**阪田さんが言っているのは、ドイツの哲学者ヘーゲルの「弁証法」という考え方なんだ。**

「哲学」と聞くと、日本人はすぐに、「あぁ、難しい。大学の哲学科の世界だ」と遠ざけてしまうだろ。でもね、哲学好きが多いフランスでは、小学生でも議論のときにこのヘーゲルの「弁証法」を使っている。

ものを考える基本の「型」なんだよ。しっかり覚えておこう。

まず、頭に正三角形を描いてほしい。底辺の左側の一点が、大くんが正しいと思っている「意見」だ。今度は反対の右側を見る。それが大くんの反対意見。この2つが、「どっちが正しいか！」っていがみ合っていたら、いつまでもらちがあかない。

そこで「意見」と「反対意見」を調整して、三角形の頂点に「高い次元の意見」を作る。これを「揚棄《ようき》」とか「止揚《しよう》」というんだけれど、まぁ、そんなことはいい。ちょっと難しかったかな。簡単な例で示そう。

遠足に持っていくお菓子の上限が３００円だとする。大くんはチョコレートが大好きで、３００円のチョコを買うことにした。これが「意見」だ。

これに対して、もう１人の大くんが心の中に出てきて、「反対だ！　チョコレートひとつで、半日以上かかる遠足がもつわけがない。もっと長い時間楽しめるお菓子を複数買うべきだ」「反対だ！　チョコは溶けてしまう。暑いこの季節に合わない」というような声が

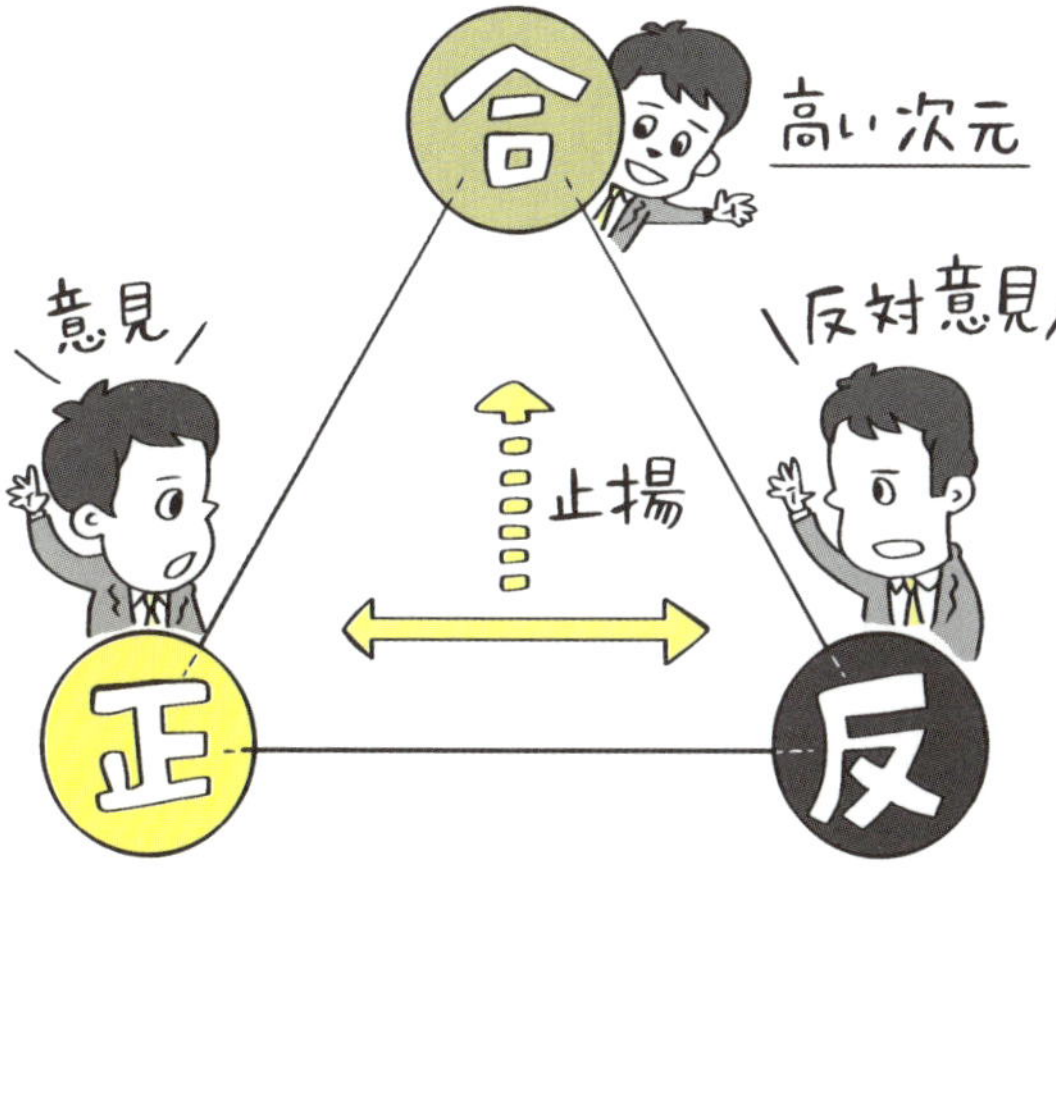

する。これが「反対意見」だ。

ここで「賛成」「反対」と対立していたらよりよい答えが出ない。

賛成意見の「チョコを持っていきたい」と、反対意見の「長い時間楽しめる」「暑さに耐えられる」ものにすべきという意見を足して売り場を見ていたら、チューブ入りのチョコが100円で売っていた。これなら他のお菓子も買えるし、暑さにも耐えられる。ちょこちょこと舐めていたら結構もつだろう。

こうやって高い次元の意見を考えることが、弁証法的なものの考え方なんだ。

―知的な人ほど、反対意見を大切にする―

阪田さんは、「『新しい腸内菌を見つけた』とか『老舗ブランドの安心感』とかいい面ばかりを見ていたら、辛口の世間の目には耐えられない」ということを言っている。

しっかりと商品の弱点やネガティブな面を直視して、新しい次元の主張を考えろと言っているんだよ。

大くんが送ってくれた資料を見ると、新商品は結構、高価格だよね。いくら高機能商品と言っても、値段が高いものを家族で習慣化するには、よほど納得できる理由が必要だろう。

いいかい。この「高価格」がネガティブだ。103ページの三角形の右側の点だ。腸によく働く菌が入っているけれど、「高い」という弱点がある。阪田さんはこれを克服しようとしている。いいね、知的な人は反対意見を大切にするんだ。

大くんも、阪田さんに負けずに考えよう。高価格になるには理由がある。「手作り」にかかる人件費。すべて「自然由来の原料」で作っている健康への取り組み。たくさんの数を作ることができない「希少性」。

なぜ、高いのか。しっかりと開発者にその理由を聞いて、短所を長所に変えてみよう。さぁ、やってごらん。

point

長所と短所を合わせて、もっと高い次元の主張を作る

Day3　著者の解説 1

会社が命運をかけている新製品の広報発表を任された山崎大くん。

しかも、その原稿を読む人が葛原食品の社長となると、さすがに緊張します。気の弱い大くんのストレスは尋常じゃないでしょう。

しかし、私が言いたいのは、何も山崎大くんが直面しているような大きなイベントに関わる問題だけではないということ。

日常の打ち合わせや、会議での発表などのときにも、「5つのWHY」「ヘーゲルの弁証法」のような深く考える「型」をぜひ活用してほしいのです。

2つとも、私が考えたものではありません。

ヘーゲルの弁証法はいまからおよそ270年前に考えられたものですし、「5つのWHY」も40年前から提唱されています。

人工知能がこれだけ発達し、世界の知がグローバルに結びつく時代になってもなお、こうした「考える型」が脈々と受け継がれるのは、理にかなった骨太《ほねぶと》な思考法だからでしょう。

とりわけ弁証法的な考え方は、いまの日本人が習得したいものです。

学校を見てください。反対意見を言われるのが怖くて、自分の本音を言えない子どもたちのいかに多いことか。

それは小中学校ばかりでなく、大学のゼミの発表、企業の打ち合わせの場でも同じです。「反対意見が出て、場の空気が悪くなるくらいなら、黙っていたほうがいい」。こうした考え方や態度が、日本全体の知性を鈍らせているのではないでしょうか。

阪田さんのように「反対意見」を大切にし、それを自分の意見の肥にして新しい次元の意見を作っていく。こうしたダイナミズムこそ、私たちがものを考える際に必要なのです。

和田先生による山崎大くんへの講義ももうすぐ半分です。今後の大くんの成長を見守っていきましょう。

question.
13

to: 和田先生

subject: 聞き手・読み手が何を求めているかわかりません

和田先生。ヘーゲル、すごいです。阪田さんに説明するとき、新商品の短所について三角形の図を書いて説明したんです。とたんに、ニヤッと笑って「わかってるじゃない」と言ってくれました。

現在、営業や研究所とも相談しながら、短所を長所に変える作業を進めています。

さらに、阪田さんから「売りたい相手をできる限り明確にしなさい」と言われました。ターゲットに関する綿密な調査データはあるのになぁ。

これ以上、何をすればいいのでしょうか。

method.
13

伝える1人を決め、その人をすみずみまでイメージしよう

いやぁ、本当にすばらしい。阪田さん、いいポイントをついてくるね。

君は「綿密な調査データがある」と言っている。天下の葛原食品だ。間違いなく立派なデータを揃えているに違いない。

しかし、データがいくら立派でも、その読み方が悪ければ、宝の持ちぐされになる。阪田さんが「売りたい相手を明確にせよ」と言っているのはそのためなんだ。

こんな例がある。大企業が集まるオフィス街のコンビニだけが、22時以降の「スイーツ」の売り上げが高かった。全国平均と比べても、高い数字だった。

駅をひとつ隔てただけで、夜遅くにスイーツの売り上げがこんなに上がるなんて、理由がわからなかったんだ。データ上の数字だけでは、理由は導き出せなかった。

そこで、ターゲットをよくよく観察してみることにした。すると、買うのはみんなハードな仕事をこなしてきた女性たちのようだ。

そう、だからこそ、夜遅くまで働く彼女たちは甘いものが食べたかった。「ここまで働いた自分にご褒美を」という心理が働いていたんだ。

これが阪田さんの言う「売りたい相手を、できる限り明確にする」ということなんだ。

一頭の中でありありとターゲットを描く一

大くん。君が今回のヨーグルトを売ろうとしている理想のモデルを明確にイメージしてほしい。しっかりとしたデータがあるのだから、そのモデルが的確かどうかはあとで検証すればいい。

まず、名前をつけてみよう。性別と年齢を決めよう。ここをいい加減にしてはいけない。しっかりと商品に合うような設定を考えてほしい。

家族構成はどうなっているだろう。職業は何をしている人か。居住地はどこだ。年

収はいくらくらいだろう。趣味もしっかり考えてほしい。いまの関心事はどんなことだろう。抱えている悩みは何か。不安なことは何か。どんな不平不満を言っているだろう。

夢はなんだ。目標はなんだろう。憧れているライフスタイルも考えよう。

例をあげてみよう。ターゲットを自由に想像してみるんだ。

河野友美。41歳。東京都練馬区大泉学園在住。3つ上の夫と小学6年生の娘とマンション住まい。

夫は、新宿の大手印刷会社勤務。河野友美は、銀行の高田馬場支店勤務。2人合わせた年収は、1300万円。趣味は、最近はじめたワンコイン農場で土をいじること。受験期を迎えた娘のいいストレス解消にもなっている。

夢は、小さくてもいいから畑のできる庭のある一戸建てに住むこと。目下の悩みは、娘の受験。学校と塾の往復で、体調も心配。朝食だけは一緒に食べるように心がけている。

なんて考えていくんだ。目の前に情景が浮かぶだろう。

相手のことをありありと想像することは、コミュニケーションにおける基本なんだ。

あとは、そのシーンに新商品を溶け込ませることを考えるんだ。住宅地の小さな畑で食べるのもいい。朝の忙しい中で、3人が食べている姿を思い描いてもいい。

データはこうしたイメージを検証するためにある。

まずは、売りたい相手を自分の頭で明確にしていく。こうして対象となる相手を思い描く気持ちから、オリジナリティのあるものが生まれてくるんだよ。

対象をすみずみまで思い描いて企画書を書けば、リアリティが増す。想定するお客さまを明確に描ければ、交渉にも有利だ。ビジネスのあらゆるシーンで応用可能だよ。

point

相手の細部まで想像できると、おのずと必要なものが見えてくる

column.

坂田ちひろとバーに行く

仕事詰めの毎日が続いている。お腹が空くと、他社のヨーグルトを食べている。「おれって、こんなに仕事熱心だったかなぁ」と山崎大が長い手足を椅子に投げすと、坂田さんの顔がにゅっと目の前に現れた。

「今日は、もう終わりにして、飲みに行こうか」

え？　おれ、坂田さんに誘われちゃったよ。大は、ちょっとドキドキした。怖いと思っていた坂田さんのイメージが、このところ大の中で変わりはじめていたからだ。

夜の10時を過ぎている。坂田さんはタクシーを飛ばして、ホテルのバーに連れて行ってくれた。長いバーカウンターの奥から、髪をぴしりとまとめたバーテンダーが一礼した。「顔なじみなんだ……」、そう思うとまたちょっと緊張した。

大は、堰を切ったように和田先生の話をした。坂田さんは、うなずきながら聞いている。「33案のアイデア出し」「弁証法」「主張はひとつ、理由は3つ」……、と熱く

語ったところで、急に皈田さんが大の顔を覗き込んで、

「私のこと好き？　好きならどこが好き？」

と聞いてきた。いつにも増して、真剣なまなざしだ。大は、これまで以上に頭が真っ白になった。いや、頭の中がうっすらとピンク色になって言葉が出ない。

「ばーか。和田先生の話。全然応用できてないじゃん。ひとつの主張は、『皈田さんのこと、全部好きです』。3つ理由をあげるとすれば、『①トレンド　会社でノリに乗っている、②特性　歯に衣を着せぬいい女、③お得感　僕を大きく育ててくれている』って答えるのよ。女を口説くときでも、先生の話は使えること、ちゃんと覚えておくのよ」

と言って、国産ウィスキーのロックを煽った。

山崎大の脳みそには、浮かぶ言葉がひとつもない。でも、今晩は、皈田さんの姿さえ頭に残すことができれば、それでいい。言葉のない脳みそが、いい日もあるんだ。

question.
14

to： 和田先生

subject： もっと相手にわかりやすく説明する方法はありますか？

企画書を書くときも、商品開発するときも、ターゲットをできるだけリアルに描いてからはじめる。確かに相手をハッキリさせると、「この人に伝えたい！」って気になります。

さて、先生。今日は、商品をもっと魅力的に見せるための考え方を教えてください。

阪田さんの言い方だと、「商品に命を吹き込む」となります。「5つのＷＨＹ」「弁証法」「伝える相手をリアルに描く」とやってきましたが、だから「この商品がどんなもので、なんの役に立つのか」がイマイチわからないんです。

method.
14

擬人化することで、相手と共通のイメージを持つ工夫をしよう

「商品に命を吹き込む」。これも名言だね。大くんが、販田さんに惚れる気持ちもわかるよ。販田さんにしっかり応えられるようにがんばろう。

いくらターゲットをリアルに描いても、このヨーグルトが、「老舗の食品企業から出ていて、腸内環境を整える新しいヨーグルトです」しか言ってなかったら、誰も買わない。このままでは、まだ工場からでてきた「製品」であって、お客様の手に渡る「商品」になっていないんだ。

製品を誰もが、「あぁ、そういうキャラクター（性格）のものですか！」とわかるようにする。これが販田さんの言う「商品に命を吹き込む」ということだ。

じゃあ、どうすればいいか。

大くんと販田さんががんばって世に知らしめようとしている商品を、「例えば、こんな性格のイメージです」と誰にでもわかりやすく説明する方法。
そのひとつに、「商品の擬人化」があるんだ。

―これを擬人化できますか？―

擬人化とは、「人間でないものを人間に見立てて表現すること」だ。

アニメに詳しい大くんなら、日本の昔の戦艦を美少女に見立てたり、日本の名刀が「名刀男子」になったりした例は知ってるよね。日本のアニメ・ゲーム文化の真髄は、この擬人化のうまさにあると言っても過言ではない。

ご当地を、「ゆるキャラ」に見立ててしまうのもある種の擬人化だ。夕張メロンのキャラクター「メロン熊」は知ってるかな。ヒグマによる食害をヒントに、「凶暴なヒグマでも食べたくなるほどおいしいメロン」をアピール。ユニークなキャラクターでメロンを擬人化している。

商品を擬人化して命を吹き込む。これがうまくなると、話したり書いたりするときの説得力も、伝わるスピードも増すのはわかるよね。

「アメリカはどんな国？」と聞かれて、「ドラえもんに出てくるジャイアンみたい」と答えれば、コミュニケーションはとても早く、確実になるだろ。

新しいヨーグルトも、擬人化して考えてみよう。

一から考えるのは大変だから、イメージの確立した人に当てはめてみる。

例えば、このヨーグルトをテニスの「大坂なおみ選手」だと考える。若くて、強い。発言にユーモアがあり、人懐っこい。奥ゆかしさもあるよね。

このイメージを、新商品の特性と重ねて考えてごらん。葛原食品で発見した腸内フローラを整える菌は、明らかに人を強くするよね。食べ続ければ、腸の調子も整ってすっきりスリムになる。

こう考えていくと、今回のヨーグルトは、人を強くする要素と、人を美しく、かわいらしくする要素を兼ね備えていると言える。「あなたを強く、かわいくするヨーグルト」だと擬人化することができる。

もう1人考えてみよう。例えばサザンオールスターズの桑田佳祐さん。40年を超える長寿バンドで、常に一線にいる。彼は「がん」も乗り越えているから、がんリスクの軽減は常に意識しているだろう。

そんなイメージを商品に重ねて、桑田佳祐さんのように、「いつも一線で活躍する人のためのヨーグルト」と考えてみるんだ。

擬人化すれば、相手との共通認識が生まれやすくなる。難しい話も簡単に伝わる。

話のうまい人は大抵、「例え上手」なんだ。

「日本をのび太、アメリカをジャイアン」なんて例えをたくさん持っている人は、商談がうまい。ビジネスのあらゆるシーンで使えるよ。

point

正しく特徴を捉えられれば、伝わる速度がグンと高まる

question.
15

to: 和田先生

subject: なぜオチから考える必要があるんですか?

先生、ありがとうございます。いろんな人を想像しながら商品のキャラクターを考えてみました。確かにただの「製品」だったヨーグルトが、人格を持ってきたようです。命が吹き込まれていきました。

さて、ここまできたところで出井部長に進捗を報告しました。

すると「ゴールが明確じゃないな」と言われました。うーむ、これからどういう方向に進むのかわからないのに、ゴールを明確にするなんてできるのでしょうか。時間の無駄のように思えるのですが。

method.
15

ゴールから考えて、見えていないところを明らかにしよう

大くん、また昔話をするね。

私がまだ駆け出しの頃に、健康器具を扱う仕事が入ったんだ。はじめて得意先に話を聞きに行って、社に戻る。さて、資料を読もうと思った瞬間、先輩から、「いま、**考えている範囲でいい。この時間が当日のプレゼンだと思って、私に企画を説明しろ。想像やデタラメでも構わないからな**」と言われたんだ。

得意先から説明は聞いたけど、アイデアなんてひとつも考えてない。

「無理ですよ」と言うと先輩が怒った顔で、「こじつけでもいいから話してみろ」と言うんだ。

仕方ないので、会議室のホワイトボードの前で話したよ。市場がどうなっていて、競合商品がどういうふうに訴えているか。ターゲットはどの年代か。タレントイメージはどのようなものか。広告のキャッチフレーズとクリエイティブ案。もう、口からでまかせもいいところ。穴ぼこだらけの発言にさすがに落ち込んだよ。

すると先輩が、こう教えてくれました。

「和田、何も知らないってことがわかったろ。どこに穴があるか。何がわかってないか。どう考えればいいか。

いいか、プレゼンの場面から逆算すると、自分たちに足りていないものが見えてくる。迷路でゴールから辿ると、不思議なことに入り口まで簡単にいけるようなもんだ。仕事は、お尻から考えていくものなんだ」

困ったときは関西人に学ぼう

「死生学」という学問があるんだ。その中のワークに、「自分が葬儀のとき、友だちにどのような弔辞を読まれたいかを考える」というものがある。

「バックキャスト」とは、友だちにこんなふうに思われたいという未来像から、現在の自分に立ち返ること。先輩は、私にこれを同じ思考法を教えてくれたんだな。

出井部長が言っているのも、これと同じだと思う。**「バックキャスト」で、ありありと想像した未来から、現在に立ち戻ってくる。**

そうすれば、何が抜けているか、どこがわかっていないかがよくわかるだろう。

とかく、「論理的に考える」というと1つひとつ論を積み重ねていくように思える。

でも、それだけじゃないんだ。**ゴールを想定して俯瞰すること。これも論理的、つまり筋道を立てて考えるひとつの方法なんだよ。**

大くんは、北海道出身なので感覚が違うかもしれない。

関西育ちの私は、話すときも書くときも、最後のひと言、「オチ」を先に考えてから話していた。

関西では、正確に論理的に話したとしても、「で、オチはなんなんや?」と聞き返される。落としどころを決めて商談をするから、「関西商法」は強い。

最後の言葉を決めて、話を練る方法は、バックキャスト思考に結構似ているんだ。

大くんも、この段階で、記者会見当日を想像してごらん。

その発表会場は、ホテルの大広間なのかな。それとも会社の大会議室かな。当日、タレントを呼ぶ？　商品を記者の人たちにも食べてもらうのかな。ならば、早いうちに人数を把握して、商品部に連絡を入れておこう。

「全部企画ができてから」なんて思っていると、時間が足りなくなる。「早く行動しておけばよかった」と思う点が必ず出てくる。

バックキャストでゴールを描いたら、とにかく動き出そう。なーに、間違えていたら途中で修正すればいいだけだ。さぁ、やってごらん。

point

「論理的に考える」方法はひとつではない

Day 3　著者の解説 2

大きな仕事を受けた山崎大くんに、和田先生が与えた思考法は、

1　「5つのWHY」で、深く考え本質に迫る
2　「ヘーゲルの弁証法」で、状況を客観的に整理する
3　「伝える相手」を明確に想像することで、話にリアリティをつける
4　「擬人化」することで、ものやことをイメージしやすくする
5　「バックキャスト」で、全体を俯瞰し、早く活動できるようにする

というものでした。

これは、大くんのやっている広報や宣伝の仕事にしか役に立たない知識ではありません。例えば、企画書を書くとき、この5つを必ずチェックしてみましょう。

1　そもそもこの企画はなんのためのものか（5つのWHY）

2　この企画書の結論に対する反対意見にはどんなものがあるか、
それにどう対処するか（ヘーゲルの弁証法）
3　この企画で実際に動かせるのはどんな人々か（仮想ターゲットの明確化）
4　この企画イメージを人や動物に例えたら何？（ものやことの擬人化）
5　企画が実行された結果を思い描き、そこから現在を考える（バックキャスト）

となります。このうちのひとつでも実行できれば、間違いなくあなたは「論理的に考えられる人」になるはずです。

思考法に関する本は、実にたくさん出ています。私も購入し、いろいろ試してみましたが、大半は役に立ちません。人の「型」というのは堅苦しいものです。だから、ここに挙げた5つが、すべてあなたに合うとは思っていません。どんどん自分流にアレンジしてください。自分流の思考法を持つことが、もっとも大切なことなのです。

もし素晴らしい思考法を開発したら、こっそり私に教えてくださいね。

column.

出井洋一郎　雑談の秘密

部長の出井洋一郎は、「雑談の名手」だ。何気ない雑談なのに、人が食いついてくる。比べて山崎大は、全くダメ。話せば話すほど、相手が引いていくのがわかる。しらーっとした空気が漂うので、宴席ではにこにこしながら笑うばかりだ。

ある日、山崎大は、出井部長の付き添いで得意先との会食に出向いた。そこで、出井部長は、先日出張で行った函館の話をした。「函館山の上から夜景を見ると、ネオンの中から『ハート』の文字が浮かび上がってくる」という話だ。

北海道出身の大からすれば、面白くもなんともない。しかし、得意先の、特に若い女性がこの話に食いついた。うーむ、雑談って、わからない。帰りのタクシーの中で、大は、出井部長に雑談のコツを聞いてみた。

「司馬遼太郎という作家は、『話でもてなす』と言っていたそうだ。ビジネス上の雑談はこれに近い。自分の言いたいことを、好き勝手話せばいいってもんじゃないんだ。今日の函館の話も、一緒に旅をした気のおけない仲間なら『食』の話をしたよ。おいしいものを食べた記憶は濃いし、一体感を生む。一緒じゃなくても、函館を訪れたことのある人なら、食の話で盛り上がれる。

でも、今日の得意先の女性は、函館に行ったことがない。それに結婚したばかりだと言っていた。こういうところをよく聞いておいて、ちょっとロマンチックな函館の景色の話題を選んだんだ。

山崎が北海道出身だからと、北海道に訪れたこともない人に『函館の魚がうまい！』なんて話をしたら、相手はどう思う？　楽しいか？　下手すりゃ、『自分に興味のあることしか話せない男』に見られてしまう。覚えておくといい。ビジネスにおける雑談は、おもてなしだ。相手本位だよ。山崎も相手の話をじっくり聞いて、話す内容を選ぶように勉強するんだな」

先にタクシーを降りて家に向かった大は、空を見上げた。北海道と違って、東京の空には星がない。しかし、ここにはさまざまな人が住んでいて、自分にいろいろなことを教えてくれる。「雑談」なんて、気楽に自分の好きなことを話せばいいんだと思っていた。空に星はなかったけれど、気分はいい。心にキラッと輝くものがあった。

Day

4

真に伝わる表現力を磨く

「真に伝わる」とは、単にわかりやすいだけでは足りません。相手が動いてはじめて伝わったと言えます。

ここでは具体性のない表現をやめて、人の心にダイレクトに働きかけるコツを教えます。

question.
16

to: 和田先生

subject: 相手にとってわかりやすい、覚えやすい伝え方を教えてください!

先生、おはようございます。気がつけば、もう4日目です。今週のはじめ、「頭の中に言葉がない」と嘆いていた自分が嘘のようです。

今日は、「表現」について教えてください。国語が苦手で理系に進んだ僕は、みんなが膝をポンと打つようなことを言ったり書いたりした経験がありません。

わかりやすく、覚えやすい表現をしたいです。どんなところに注意すればいいですか。

method.
16

書くときも話すときも、40文字を意識しよう

大くん、おはよう。ほんとだね。「脳みそにインプットされている語彙が少ない」と嘆いていたのが嘘のようだ。何ごともそうだけれど、ダラダラやっていてはものにならない。やると決めたら、怒涛の攻めを自分に課さなくては、脱皮できないからね。今日も、手加減しないよ。

さて、わかりやすく、覚えやすい表現の話だ。この答えは、簡単なんだ。さまざまな本に書いてある。大くんも指摘されたことがあるだろう。それは、

「短く伝える」

のひと言。ところがこの「短く」というのが、難しい。

私の教えている学生たちも、「短いって何字くらいですか」と聞いてくる。しかし、大切なことは、「字数」じゃないんだ。「秒数」、つまり、時間なんだ。

池上彰さんは、「プロのアナウンサーは、1秒間に10音ほど語る」と言っている。わかりやすく言えば、「ありがとうございます」（10文字）だ。「1秒＝ありがとうございます」という単位で考える。

そして、大くん、「ありがとうございます、ありがとうございます、ありがとうございます」と繰り返して言ってごらん。息継ぎしないで、スムーズに言えるのは、何回までだろう。

多分、5回くらいがちょうどいいところじゃないか。人にもよるだろうけれど、多くの人は5回を超えると少し苦しくなる。

1秒で、10文字。5秒あたりで息継ぎしたくなる。というと、一息で読めるのは、50音がいいところだろう。

1行20文字の400字詰め原稿用紙に全部ひらがなで書いて、2行半というところだ。これが、一息。誰もが苦しくなくしゃべれる単位だ。

──あの大統領もやっている!?──

しかし、文章を全部ひらがなで書くことはまずないだろう。漢字が入れば、2行半では息が苦しくなる。

そこで、**私が提案するのは、「40文字」なんだ。大体、一息で読めて、なんとか内容もまとめられる。**例を示そう。

この新しいヨーグルトは、あなたのご家族の多くのリスクを軽減させることが可能です。

（40文字　句読点を抜いて38文字）

風邪の季節になりました。予防のために毎朝、ご家族でこのヨーグルトを食べましょう。（40文字　句読点を抜いて37文字）

メールで文章を書くときも、上司に報告するときも、40文字を意識して考えるといい。短く伝えるには、「40文字で書き、語る感覚」を身につけることなんだ。

政治家が選挙のときに、同じメッセージを繰り返して、有権者の脳みそに言葉を深く染み渡らせていくのも、40文字がひとつの基準になっている。
それ以上長い言葉は、人の耳に残らないんだ。

いまやアメリカ大統領までが、ツイッターで政策を語る時代だ。
一息で語れる文章を心がけよう。それがわかりやすく、覚えやすい伝え方の秘訣だ。
さぁ、やってごらん。

point

短くシンプルな言葉だけが人の耳に残る

question.
17

to: 和田先生

subject: 人に動いてもらうには、どんなふうに伝えればいいでしょうか？

「素晴らしい!」……と、先生の「短い文章とは一息、40文字にまとめられたもの」を読んで版田さんが唸ってます。版田さん、「文章も話も長い」ことに劣等感を抱いていたそうです。ありがとうございました。

で、今回は版田さんからの質問です。いくらいい話をしたとしても、お客様が買ってくれなければ意味がない。人が行動してくれる伝え方を教えていただけないかと申しております。よろしくお願いします。

method.
17

「動かしたい動き」を具体的にたくさん入れてみよう

大くん、阪田さんと仲良しだねぇ。一緒に読んでくれてうれしいよ。チームの呼吸が合っている。それだけで、成功の確率はグンと上がるもんだ。

さぁ、話を進めよう。人に行動を促す伝え方だ。

大くん、そして阪田さん。あなたたちは、人を励ますときに、どんな言葉をかけるだろう。「がんばれ！」が一般的だよね。

私は、大病の経験があります。そのときに「がんばって！」と言われて、とてもいやな気がしたよ。『がんばれ！』と言ってもどうしようもないだろう。安易に、そういうこと言うなよ！」という気分のほうが強かった。

比べて、英語圏の人は、どんなふうに人を励ますだろう。

代表的な言葉に、「Cheer up!」があるよね。直訳すると、「声を上げろ」だ。実に具体的だ。どう動けばいいのかがわかる。その他にも、「胸をはれ！」とか「アゴを上げろ！」とかね。

体の動かし方を具体的に示すことが多い。

人を動かす伝え方をしたいなら、「Cheer Up!」方式でいこう。つまり具体的な身体の動きを書いていくんだ。

これは、私がある小学校の卒業式の祝辞に書いた文章です。「がんばれ！」と言う代わりに、こんなふうに書いてみたんだ。

「胸を張る。あごを上げて、空を見る。

その姿勢こそ、あなたが高く、強く、自由に羽ばたくスタートラインです。

失敗しても、胸を張れ、あごを上げろ。さみしくても、胸を張れ、大空を見ろ」

卒業のときに、これからの人生で苦しいことが起きたときに思い出してほしい「身体の動き」を祝辞にした。

これが私の「がんばれ！」の表現だったんだ。

人は、この働きかけに弱い

例えば、ヨーグルトを食べてほしいと思う。

「おいしいから、食べてね」「腸内フローラを整えるから試してね」と言っても、多分、人は動いてくれない。動詞を見れば「食べる」「試す」と書いているだけだからね。

動詞をもっと増やしてみよう。ヨーグルトを食べている風景を想像して、動詞を入れるんだ。

「おばあちゃんが**笑ってる**。ママが鼻歌を**歌ってる**。いつもは眠たそうな娘までが機嫌がいい。このヨーグルトを**食べて**から、朝の景色が**変わった**」

ね、頭の中で映像が動き出すみたいでしょ。

動かしたい、動きを書く。こころや頭ではなく、身体に呼びかけることによって人は動き出すんだ。

話の中に「動詞」をたくさん入れると、人の心を動かせるようになるよ。

例えば、彼女を映画に誘うとするなら、

「あなたはきっと**笑い**ます。**怒り**たくなるシーンもあります。**ハラハラもする**。最後はきっと**泣く**と思います。**行き**ませんか？」と言ってみる。

動詞で、誘うんだ。さぁ、やってごらん。

point

動詞を増やせば、
頭の中で映像が自動的に動き出す

question.
18

to：和田先生

subject：ありきたりな表現になって
メリハリがありません……

人を動かすためには、動詞に気をつける。勉強になりました。ありがとうございます。さらに質問を続けます。

私は3年、版田さんは8年、宣伝や広報の仕事をしています。多分、他の人よりも文章を書いた分量は多いと思います。

でも、どこかよそよそしいんです。理系出身の私は、正しい文章は書けるけど人間味に欠ける。国文科を出た版田さんは、教科書的な表現になる。

どこまで崩していいかわからないと言っています。先生、人が心にとめてくれるメリハリのある文章はどう書けばいいのでしょうか。

method.
18

学校で習ってきた〝常識〟をいったん捨てよう

きれいで整いすぎた字って、意外と人に好かれない。

同じように、文法が正確で、学校では満点の文章には面白味がない。既視感があって、メリハリがないよね。

下手をすると、「上から目線」に捉えられてしまう。これは、学生の頃、国語が得意だった人に多い悩みです。

そんな人に私は、こう言いたい。

「学校時代に習ってきた文章の常識を疑え」と。

例えば、過去形と現在形。英語ではこれを混ぜるなと習っていたよね。

その影響で、日本語でも、過去で書きはじめるとずっと過去で書かないといけないと思っている。

だから、

「蓋を開けた。光が反射して、キラキラと光るヨーグルトが見えた。スプーンですくった。しっかりとした硬さのひとかたまりが、喉を冷やした」

なんだか、つまらないよね。正確だけど文章に動きがない。

樋口裕一先生は、「**実際の行動を書いた文は過去のままで。様子を説明する文は現在形で書く**」（『頭がいい人の文章「すぐ書ける」コツ』三笠書房）と言っている。

これに即して文章を書けば、

「蓋を開けた。光が反射して、キラキラと光るヨーグルトが**見える**。スプーンですくった。しっかりとした硬さのひとかたまりが、喉を**冷やす**」

となる。随分印象が変わったよね。

ズバッと言うな

また、結論を真っ先に、ハッキリ、ズバッと言えとよく言うよね。「白か黒かはっきりしろ」みたいなことをジャーナリストの人たちは言いたがる。

でも、**表現の世界では、2つの相反することを並べることによって、強調するテクニックによく使うんだ。**

例えば、「保湿成分」が売りの洗顔料なら、その効果は「すべすべ」という言葉で表現される。

そこにあえて、汚れをガンガン落とす「ツルツル」という言葉を組み合わせる。

「ツルツルなのにすべすべ」

こうすると、ガンガン洗っても、保湿成分がよく効いているように感じるだろ。

ヨーグルトで言えば、「濃厚なのに、すっきり軽い」とかね。

阪田さんの性格を語るなら、「強いけど、やさしい」とか「男らしいけど、女っぽい」とかいろいろ考えられるはずだ。

相反する内容で、強調する。さぁ、やってごらん。

point

学校の常識を卒業すれば、文章はガラリと変わる

Day 4 著者の解説 1

4日目に入って、大くんは「表現」に関する悩みを和田先生に相談しました。「頭の中に言葉がない」と言っていた初日とは雲泥の差ですね。

習ったことは3つです。「短い表現の規準」「人を動かす表現」と「教科書的ではない表現」。いずれも私がスピーチを書くときによく使う手法です。

この他にも、学校では「文末が全部『〜だ』で揃っているような文章は単調になる」として、文末に変化をつけるよう指導されます。しかし、相手により強く伝えるためには、文末をあえて揃えて、「〜だ」「〜だ」「〜だ」と畳みかけることで迫力をつけることがよくあります。

また、「主語のあとは、3人称として書け」と教わります。「山崎は、」と書いた文章のあとは「彼は、」と書いていくということ。しかし、日本語は主語をつけずに成立する言語です。ないほうがスッキリすることのほうが多い。また「葛原食品は、」「葛原食品は、」とあえて名前を連呼することで、目や耳に焼きつけることもよくやります。

インターネットの普及により、「表現」も著しく変化しました。明治時代の「言文一致体」からいまや絵文字やスタンプが入る「顔文一致体」がスタンダード化し、会社でのやりとりでも使われる時代になってきた。また、ＡＩによる翻訳機能が充実してきたおかげで、「いい表現」の規準が、「翻訳や検索されやすいもの」に変わってきました。親指でスマホをスクロールする読み方によって、文章の配置、強調の仕方、一文の長さ、間の取り方も大きく変わってきています。

人の日々の営みから生まれる言葉は、技術進歩の影響を大きく受けます。こうしたトレンドに目を光らせておくことも心がけたいものです。

しかし、どんなに「表現」の仕方が時代と共に変化しても、学ばなければならない基礎はあります。時代やトレンドに流されていると、自分と同じ時代を生き、同じ価値観を持っている人以外、言葉を伝えることが不可能になってしまうのです。

古今東西の名作を読んできた人の言葉には、品格があり、教養がにじんでいます。それもまた「表現」を考えるとき、忘れてはいけないこと。大くん、本を読めよ！

question.
19

to: 和田先生

subject: 「君の話はあいまいで具体性に欠ける」と言われてしまいます

和田先生、ありがとうございます。これまで上司や得意先から「もっとズバッと言え!」とよく言われてきただけに、「ズバッと言うな」のひと言は目からウロコでした。

でも、先生。それにしても、私が何かを伝えようとすると、「的を射てない」とか「あいまいで具体的にイメージできない」とよく言われます。

人をグイッと引きつけるような伝え方、「見てほしい、わかってほしいのはここだ!」と強く示せるような方法ってないものでしょうか。

method. 19

望遠レンズでズームするように「伝えたいこと」に迫ってみよう

大くんは、カメラの「広角レンズ」と「望遠レンズ」の違いを知っているかな。「広角レンズ」は広い範囲をまんべんなく写すことができる。ボケている部分が少ないから資料写真などには最適だ。

「望遠レンズ」は、写したい対象だけを浮かび上がらせ、背景はボケている。つまり、「私が伝えたいのはこれだ！」と訴えかけているわけだ。

人をグッと引きつける話法というのは、「望遠レンズ」の手法に近い。必要ないものを捨て、ズームレンズで、写したい対象にグーッと近づいていく感じだ。

例えば、大くんが「早春」というテーマの写真コンテストに応募したいと考えて、公園を歩いていたとする。

そのときに、

1　天気のいい公園全体を写す

2　のどかにお弁当を広げている家族連れを写す

3　いまにも芽吹きそうな桜の芽を写す

さて、どれが「早春」というテーマに相応しいか。

圧倒的に、3の「桜の芽」がいいよね。1も2も、春じゃなくても撮影できる「広角レンズ」の風景だ。「早春」というテーマに応えられるのは、望遠レンズで「桜の芽」に肉迫する景色だけだろう。

「早春」と聞いて、数ある風景の中から、「いまにも芽吹きそうな桜の芽」にフォーカスを当て、ズームレンズで「芽」にグッと近づいた瞬間、「早春」というテーマがくっきりと見えてくるんだ。

―『の』を使って、見る対象にズームする―

カメラを持たなくても、言葉で、対象にズームすることは可能だ。連体修飾格の「の」を使ってズームしていけばいい。

「桜」から「桜の芽」へ。対象物をグンッと近づけることによって伝えたいものがハッキリとしてくるんだ。

・「ラーメンが、おいしかった」→「ラーメン**のスープ**がおいしかった」
・「うちの子、かわいいでしょ」→「うちの子**の鼻**、かわいいでしょ」
・「ニューヨークが好き」→「ニューヨーク**の音**が好き」

「の」で対象をズームすることで、見るべきポイントがわかる。こちらが何を考えているかもしっかり伝わる。

新製品のヨーグルトに対しても、「の」でズームをしてみよう。

「ヨーグルトのプレミアム感を感じてほしい」
↓「ヨーグルト**のパッケージ**のプレミアム感を感じてほしい」
↓「ヨーグルト**の金に輝く王冠を施した**パッケージのプレミアム感を感じてほしい」

「の」でズームし、伝えたい核心に迫っていく。
日頃から「○○の○○」と考えるクセをつけておくと、役に立つよ。さぁ、やってごらん。

point

「○○の○○」で、わかってほしいポイントを明確にする

question.

20

to：和田先生

subject：一体感を生み出すには、どうすればいいですか？

和田先生、困ってます。阪田さんと言い争いをしてしまいました。スケジュールのささいな意見の食い違いが原因ですが、2人ともここ数日の忙しさとトラブルでイライラしていました……。

阪田さん、私の言った「もう、やってられませんよ」のひと言にキレて、口を聞いてくれません。先生、仲直りする言葉、教えてください。大至急です！

method.
20

主語を「私たち」にして、相手の気持ちを引き込もう

なんだ、「表現」の話かと思ったら、ケンカの仲裁か。まぁ、いい。プロジェクトを推進するときには、ケンカのひとつやふたつは必ずある。特に、君と阪田さんのような関係ならなおさらだ。ケンカしながら、互いの関係は強くなっていくんだ。

さて、仲直りをする言葉を教える前に、ケンカしていたときの言葉を思い出そう。


「**私は**、そんなこと言ってるんじゃないのよ」

「**あなた**、それはもっと早く言うべきでしょう」

「違います。**僕は**それは間違っていると思います」

「**阪田さんは**、ずーっとそんなこと考えてたんですか？　ちょっとがっかりです」

とこんな感じじゃないか。

全部主語が、「1人称」の「僕は」「私は」と、「2人称」の「あなたは」になっている。「1人称」で自分の意見を言い、「2人称」で非難する。

チームであるはずの2人が、互いを譲らず、相手に指をさして怒っている姿が、言葉からもわかるだろう。

仲直りをするには、もう一度心をひとつにする言葉を使えばいいんだ。それは、

「私たちは」

だよ。理由はどうであれ、このままでいいわけがない。仕事が遅れる。謝るのは、部下で、そして男である山崎大のほうだ。「ごめんなさい」と言ったあと、

「私たちは、これからどうすればいいでしょうか」

と尋ねてみろ。「私は」「あなたは」という主語を「私たち」に変えて、同じ志を持

つ仲間だということを強調してみよう。阪田さんもわかってくれるはずだ。

コツは〝自分ごと化〟することにある

スピーチの名手だったオバマ前大統領が、「We（私たちが）」を多用したことは有名な話だ。「私たち、みんなでやるんだ」という意思が込められていた。

「Yes We can!（私たち、私たちは、できる）」のスローガンではじまったオバマ大統領は、最後のスピーチを、「Yes We Did!（私たちは成し遂げた）」で締めくくった。

彼は、「私たちは」と語ることで、アメリカをひとつにしたんだ。

「私たちは」。これを大くんと阪田さんは、ケンカの仲直りだけでなく、今後の仕事にも使うべきだよ。

日本人はいま、未曾有《みぞう》のストレス社会を生きています。

私たちはいま、未曾有《みぞう》のストレス社会を生きています。

「私たち」のほうが「自分ごと化」ができるだろ。

「葛原食品は、」ではなく、「私たち葛原食品は、」と語ることで、働く社員の気持ちをひとつにすることも忘れてはいけない。

大くん、覚えておくといい。話というものは、聞いている人と共に作り上げていくものなんだ。

会議でもプレゼンでも、「自分の主張」を通すのではなく、相手と「共感の物語」を一緒に紡いでいくようなものだ。

そのときに役に立つ主語は、「私たち」なんだよ。「私たち」を多用する語り方に変える。さぁ、やってごらん。

point

「私は」「あなたは」のままでは、距離は縮まらない

Day 4　著者の解説 2

朝日小学生新聞に、「大勢の中のあなたへ」というコラムを書きはじめてから4年が経ちます。550字で、手紙の形式で書いているので、子どもたちから読んだ感想や、相談事を書いた手紙がたくさん届きます。

小学生の手紙です。間違っている文章はたくさんあるし、話が飛んだり、変わったりして意味不明なものもあります。しかし、便箋にイラストを描き、シールを貼り、連載マンガを描き、私のキャラクターを作り、ありとあらゆる手を使って手紙を書いてくるのです。こうした手紙を読むたびに、私は「表現」とは何か、「伝える」とはどういうことかと考えてしまうのです。

今回、和田先生は、「短い表現の規準」「人を動かす表現」と「教科書的ではない表現」、「要点の絞り込み方」「人を巻き込む伝え方」を教えました。

これらは、どれも私が実際に試して、役に立ったものばかりです。使い込めば、あなたの話の伝わる速度と深さが変わってくるはずです。

だからこそ、思うのです。こうしたコツやテクニックを学ぶことも大切。しかし、もっともっと大切なのは、子どもたちの文章のような、あの手もこの手も使って、読んでもらいたい、わかってほしい、返事を書いてほしいという「熱さ」なのです。

なんとしてでも、伝えてやろうとする手紙は、持ったときの重さや温度が違うように感じます。文章から、体温は伝わるのです。

この本を読んでいる皆さんにも、ぜひそこをわかっていただきたい。

どんなにテクニックを覚えても、伝えたい気持ちが弱いなら、間違いなく伝わりません。「仕事だから仕方がない」と思って書いたものは、スルーされるに決まっています。

好きな人に、告白するときのワクワク、ドキドキする気持ち。それがコミュニケーション能力を磨いていくことを忘れないでください。

いよいよ最終日、和田先生の教えは、「説得力」に及ぶようです。ワクワク、ドキドキします。

column.

阪田ちひろの褒め方

阪田ちひろ先輩は、三鷹女子大を出て葛原食品に入った。大学時代は、日本文学を専攻。卒論は「宮沢賢治」だった。社内の職務適正審査を通って、広報・宣伝局へ。宣伝部に4年、広報部には4年目の在籍になる。局の中で、両方の部を経験しているのは彼女1人だ。どちらの部からも頼りにされている。

学生時代に雑誌のモデルをしていたとの噂もある。いつも颯爽と大股で歩き、笑うと口角の左右がきれいに上がる。しかし、きれいなバラには必ず棘がある。言うことは辛辣だし、粘り強いというか、しつこい。大が、この仕事の上司が阪田ちひろだと言ったとき、2年上の先輩は、「ご愁傷さまです」と言って山崎大に合掌した。

ところが実際に仕事をしてみると、別にしつこくないと大は思った。「なぜだ、どうしてなんだ」と聞いてくるけれど、それは「5つのWHY」を知らずに実践しているだけのことだ。

「商品のネガティブな面を見ろ」と言ったのも、「弁証法」を知るとよくわかる。「文章が長い」と言って、何度も書き直されるけど、「40文字」にまとめるように心がけたとたん、「うん、すごくいい」と笑ってくれる。

「みんな誤解している」と大が感じるのは、阪田ちひろが、実に短く、タイミングよく褒めてくれるからだ。「うん、すごくいい」の他にも「それ、使える」とか、「よし、それに乗った」と言ってくれる。中でも嬉しいのは「昨日よりも、いい」とよく言ってくれること。前の上司は「お前は、誰々に比べて、見方が甘い」という感じで、いつも誰かと比較されていた。山崎大はそれが苦しくて、周囲を見てはため息をついていたのだ。

タイミングよく短く褒める。他との比較ではなく昨日の自分と比べる。

阪田ちひろのこの褒め方で、山崎大は、「理系卒の語彙不足」という劣等感から少しずつ解放されていた。だって、ランチを食べに行ったとき、「30秒で10個の名前をやると大が勝つことが増えた。そのたびに、「大くん、いっぱい知ってるね」と笑ってくれる。大は、このとき、仕事以上に「和田先生効果」を実感できた。

「もっと自信を持ちたい。強くなりたい」と思う山崎大。明日は、講義の最終日だ。

Day

5

言葉に
説得力を持たせる

最後は、＋aのテクニックとして、「信憑性」や「リアリティ」の持たせ方をご紹介します。ここで説明したことを身につければ、話しはじめで相手の心をグッとつかみ、「へえ～」と納得させる表現ができるようになります。

question.
21

to：和田先生

subject：聞き手・読み手を惹きつけるコツってありますか？

和田先生、おはようございます。いよいよ最終日。さびしい気持ちで朝を迎えました。今日中に、聞きたいことをできる限り書くつもりです。よろしくお願いします。

今日、聞きたいのは、どうすればみんなが耳をそば立てて聞いてくれるか、ということ。商品の説明がいくら立派でも、人は話を聞いてくれないし、読んでくれないと思うんです。

人をグッと惹きつける方法は何か、教えてください。

method.
21

苦労や失敗談のネタを10個持とう

おはよう、大くん。泣いても笑っても最終日。こっちも力を抜かずにいくからね。

週刊誌や朝のワイドショーを見て、大くんはどう感じるだろう。

「ゴシップが多いなぁ」と思わないか。「人のプライベートなんて、どうだっていいじゃないか！」という人も多い。それでも、この手の記事がなくならないのは、売れるからなんだ。つまり、みんなが興味を持って見るということ。


人は人のプライベートに、最大限の関心を持つ。これは人間の習性でね。

その人をよく知ることで、敵か味方かを分ける。自分たちの集団に害を及ぼさないかを見るんだ。

この習性をうまく利用することだ。**プライベートな情報を効果的に開示することによって、その人に深く理解した気になってもらう。**「**私だけに、他の人には教えない**

ようなことまで教えてくれた」と思ってもらう。

これがうまくできるようになれば、人をグッと惹きつける話ができるようになるんだよ。

―〝とっておきの話〟を持っていますか？―

方法を教えよう。大くんも就活のときに、自分の実績や「これは私の性格を語るにふさわしい」と思える体験談をまとめたと思う。

それと同じように、生まれてから最近までの中で8つエピソードを探し出して、原稿用紙1枚程度にまとめてごらん。

学校生活、親との関係、一番の失敗談、一番の成功談、受験勉強、恋愛経験、趣味、旅行などなど、自分の人生の転機になったような事柄を体験談としてまとめる。

この作業によって、**「自分がどんな人間か」を自身で整理することができる。さらには、相手に自分を知ってもらいたいときに、いつでも使える武器になる。**

あとは、「このひと月以内にあったできごと」と「今日のエピソード」の2つを用意しておこう。

全部で10個のエピソードを常に持っていれば、人と話すとき、ネタに困らない。

その上、相手は「私に過去のことを話してくれた」とうれしい気持ちになるはずだ。エピソードとして、「とっておきの話」を作っておこう。


過去を語ることで、信頼関係を作る。これは個人的な話ばかりではないんだよ。

NHKで以前やっていた「プロジェクトX」という番組がある。企業の人たちがその商品を開発するまでの、失敗や苦悩の連続を描いたドキュメント番組だった。

この番組も、商品を作り上げるために人がどれほど涙を流したか、言い争いをしたかを描くことで、みんなが商品に興味を持ち、共感できるように作られているんだ。


大くんの手がけているヨーグルトだって、開発の苦労があったはずだ。

何度も挑戦し、挫折し、言い争った歴史があるはずだ。

それも1人ではない。開発者もいれば、マーケッターもいる。現場の営業もいる。

発売を決定した社長だっている。そういう人の物語をしっかり取材する。そして、商品の「開発秘話」を話に盛り込んでごらん。いまよりもっと多くの人に共感される商品になるはずだ。

人は苦労話が好き。失敗や挫折を乗り越えた話に勇気づけられる。反対に、ただの成功物語、運良くラッキーなだけの話、自慢話は、嫉妬ややっかみを生むばかり。面白くない。

誰の話を聞けば、多くの人の共感を得られるか。そのあたり、阪田さんとよく相談するといい。さぁ、やってごらん。

point

人は他人の知らないエピソードに興味を持つ

question.
22

to: 和田先生

subject: 信憑性を高める「数字の使い方」を教えてください！

先生！　エピソードの話、ありがとうございました。早速、阪田さんと「開発秘話」を語ってくれそうな人の洗い出しに入りました。

さて、先を急ぎます。これは理系の私には耳の痛い話です。データや数字の扱いについて教えてください。数字は正確に入れなければいけない、と思っているのですが、周囲の人から「数字が細かすぎてイメージが湧かない」「急にデータを見せられても読み解けない」と言われます。

数字やデータはどう扱えばいいでしょうか。

method. 22

「あいまいな形容詞に変わる数字」、「『へえ～』という声が出る数字」だけを使おう

大くんは、わが明蹊大学農学部に合格するほどだ。数字やデータを扱うのは、他の人より得意だろう。でもね、今回のヨーグルトを食べようと思っている人は、全員が大くんのように数字が得意なわけじゃない。

人が聞いて、びっくりするようなデータ以外は、多用しないこと。詳しくて正確なデータは、エビデンス（根拠・証拠）として、まとめておけばいい。

では、わかりやすい数字とはなんだろう。大学で私は、「道順の教え方」でこれを指摘している。はじめての人に道順を教えるとき、

・コンビニの横の通りを、**ずっとまっすぐ**進んでください。

・コンビニの横の通りを、**30メートルほど**進んでください。

どちらがわかりやすいか、一目瞭然だよね。

「今日は、めちゃくちゃ暑いよね」というより、「今日の気温、40度を超えてるよ」と言ったほうがわかる。

「わかりやすい数字」というのは普段の会話の中で、「少し遠い」とか「めちゃくちゃ暑い」とか人によって感じ方の違う形容詞を正確に伝えるために使うものだ。

わかりやすい数字①は、**「あいまいな形容詞に変わる数字」**と覚えておこう。小学校のときに算数の文章題は、あいまいな形容詞を使わずに書かれたいい文章だよ。読み返してみるといい。

わかりやすい数字②は、**『へぇ〜』という声が出る数字**」だ。

例えば、昭和の子どもと平成の子どもで、一番きらいな食べ物は何かと尋ねてみる。なんだと思う？

昭和の小学生は、1．セロリ（13．6％）、2．レバー（13．0％）、3．納豆（12．9％）。

これに対し、平成の小学生は、1．ゴーヤ（28．3％）、2．セロリ（14．7％）、3．ピーマン（12．0％）。

平成の小学生にゴーヤが特化してきらわれているのがわかるだろう（２０１８年１月１日「ぐるなびＷＥＢマガジン」http://r.gnavi.co.jp/sp/g-mag/entry/013404より）。

こういう身近で、意外性のある数字は「へぇ～」という声が上がるはずだ。

ヨーグルトに関連するデータを見てみよう。

２０１８年9月11日に厚生労働省が発表したデータによれば、20代男性の30．6％、女性の23．6％が、朝食抜きか、食べても菓子・果物のみというデータがある（「平成29年国民健康・栄養調査結果の概要」より）。

これを見れば、「へぇ～、20代の朝食にうちのヨーグルトは売れるかも」と思うだろう。みんなが「へぇ～」と驚くかどうかを物差しにして、使うかどうかを決めてほしい。

また、覚えておいてほしいことは、言葉に頼らないことだ。

「東京ドーム○個分の広さ」「レモン○個分のビタミンC」と言ったところで、東京ドームの広さもレモン1個に入っているビタミンCの含有率も、わかっていない人が大半だ。

これらの例えは、正確なデータというより、「とても広い」「ビタミンCがいっぱい」と伝えているだけの話なんだよ。**誰もが実感のない例を探すよりも、わかりやすく図形化、グラフ化することを考えよう。**

数字は、聴覚よりも視覚に訴えたほうが納得度も高いんだ。これなら、理系の大くんの得意とするところだろう。自信を持って、さぁ、やってごらん。

point

人がびっくりする数字以外は多用しない

question.
23

to：和田先生

subject：どうすれば話にリアリティを持たせることができますか？

ありがとうございます。データの件、わかりました。下手な例えより、わかりやすいグラフですね。私はそっちのほうが得意です。

時間がなくなってきました。続いて質問します。いろいろ原稿を書いて、周囲の人に見せているのですが、「リアリティがない」とか「ユーザーの声が聞こえてこない」などと言われます。

先生、文章に現実味を持たせる方法はあるでしょうか。教えてください。

method.
23

メモ帳を持って街へ行こう

うん、いいところに気がついた。

大くんは何かを買おうとするとき、何を参考にするだろう。

ネットに書き込まれた「レビュー（批評）」や、実際に使っている人の「リコメンド（推薦）」などを見るよね。実際に使った人じゃないとわからない使い勝手や、不便さが赤裸に書かれているからね。ネットが普及するまでは、先に使ったり食べたりした人の意見を参考にするのは、友だちや知り合いに限定されていたんだ。

でも、いまは違う。多くの人がレビューを読む。レビューに書かれた言葉がマーケティングを左右し、広告コピー以上の力を発揮することがある。

自分の思うがままに書いた普通の人の言葉だから、リアリティがある。大くんの周囲の人が言っている「リアリティ」というのは、こういうことだと思う。

つまり、消費者実感がないということ。

話は少しそれる。『ベルサイユのばら』（集英社　池田理代子著）という古典的名作マンガがある。私の会社にこのマンガを何十年と読み、何百回と涙を流した女性がいる。

私は不思議に思い、「どこがそんなにいいの？」と聞いてみた。すると彼女がこう言ったんだ。

「100年後、オスカル・フランソワ・ド・ジャルジェは、実在した人物として歴史書に残る」

つまり、オスカルは池田理代子さんが作った想像の人物だけれど、これだけ世界中の子どもたちが涙を流して読んでいるうちに、実在の人物として扱われるようになるに違いない。それほどの名作なんだ、と彼女は言ったわけ。

本当にこのマンガを愛している人だからこそ、出たひと言だ。マンガの帯に入れたいくらいの名文句だよ。

こんな名言が街にはこぼれている

文章にリアリティを持たせる方法は、耳をダンボのように大きくして人の話を聞くことだ。

老人ホームを訪れた家族が帰りがけに「哀しい、けど、あったかい」と言っていた。

女子高生が電車の中で、「悲しい曲が好き、なんか、のんびりする」と言っていた。

居酒屋でサラリーマンが、「あぁ、肥満と金欠は同病やな」と言って笑っていた。

こんな名言が街にはあふれている。そういう言葉を拾い集める努力をすれば、大くんの言葉はリアリティを帯びてくるに違いない。

さて、仕事の話に戻そう。

新商品ヨーグルトも同じだ。みんなに食べてもらい、その感想をダンボの耳で聞くんだ。最初の驚きが、「あっ」なのか「おっ」なのかまで、しっかり聞く。

「あっ」なら意外性があった反応。「おっ」なら想定通りという反応だ。「昔の味っぽい」「はじめ、味がしない」「なんか、お菓子っぽい」「大人向けかな」……、こういう言葉の1つひとつが、大くんの言葉にリアリティを持たせる材料になるんだ。

人から発せられた血の通った言葉。

これを「肉体語」というんだ。会議の席でもプレゼンの場でも、「肉体語」を駆使して語る人には説得力がある。

「肉体語」の収集が、ビジネスの表現力に直結している。大くんも、さぁ、やってみよう。

point

血の通った「肉体語」が、人の共感を呼ぶ

Day 5　著者の解説 1

言葉は、不思議なものです。用件を短く述べればいいというものではありません。そのときはうまく伝わっても、長く人の心に残らないことが多いのです。

あなたも経験があるでしょう。学生時代、授業そのものよりも、先生が道草した話のほうが面白く、ずっと心に残っていることが。

言葉の幅を広げるとは、あのときの道草に近いもの。本題からは少し外れるけれど、心に深く残るように、話に雑味、本来とは違った味を含ませることです。

和田先生は、大くんに3つの知恵を授けました。

1　経験を10個エピソード化して、常に持っていること

2　数字を効果的に使い、正確に記憶に残る工夫をすること

3　人の話を吸うように聞いて、話にリアリティを持たせること

経験、数字、街の言葉。「ふーん、そんな裏話があったのか」「へぇ、そんなデータ

があるんだ」「ほぅ、みんな、そんなこと言ってるんだ」。人の情にこうして揺さぶりをかけていけと和田先生は言うのでした。

これらを確実なものにするためには、常にメモをとること。とったメモを効率的に取り出せるよう整理整頓しておく必要があります。私の学生を見ていると、スマホにメモをする人が大変多いようです。私のところに質問にきて、メモ代わりにスマホをいじり出したときにはびっくりしました。もちろん、スマホにメモも悪くはありません。しかし、手で書くメモのほうが断然記憶に残ります。

私は、胸ポケットに革張りでM5サイズの手帳を入れています。バインダー式なので、名刺サイズの紙をいつでも交換できます。そこに気になった数字、人の発言や情報、テレビや雑誌で気に入ったネタ、備忘録。それに、自己肯定の言葉「アファメーション」などを書いて携帯しています。

言葉の幅を広げるためには、地道な努力が必要です。面白い！　と思って書き込んだネタだからこそ、道草であっても長く残るものになるのです。

question.
24

to: 和田先生

subject:「話しはじめ」で
グッと人の心をつかみたいです

和田先生、ありがとうございます。残り少なくなってきました。版田さんと2人で、「ぜひ聞いておきたいこと」をしぼりました。

それは「話しはじめ」についてです。会議でも交渉でも、はじめにどんな話をして人の心をつかむか。これはとても大切なことです。

話しはじめに、人の心をつかむコツはあるのでしょうか。話の説得力を増すためにも、ぜひ聞きたいです。

method.
24

朝、その日の話題を仕込みまくろう

大くん、阪田さん、いい質問です。「エピソード」「数字」と同じように、言葉に説得力をもたらすもの。しかも、話の「つかみ」になるもの。教えてあげよう。それは「旬の話題」なんだ。
日本人がなぜ、「天気の話題」をはじめにするか、考えたことがあるかい？　あれは「天気」というお互いが共有できる「旬の話題」で、話のとっかかりをつかもうとするからなんだよ。

「ずいぶんと日が伸びましたね」
「そうですね。福岡では今日桜が咲いたらしいですよ」

一見意味のない世間話に見える。しかし日本人は、**自然の移ろいを共有することで、**

互いの気持ちを揃えてきた長い歴史がある。天気は、典型的な旬の話題だよね。

他にもある。例えば昨日、サッカーワールドカップの試合で、日本が逆転勝利を収めていたとする。当然、この話題は「つかみ」になる。

「おかげさまで、今日は徹夜です」なんて頭をかきながら告白することで、相手と気持ちがひとつになるんだ。

今日は、どんな日？

広告業界に限らない。営業のプロと呼ばれる人たちは、その日の「つかみ」になる旬の話題を仕込むのに、朝は必死になるんだよ。

新聞の一面、ネットニュースのトップはもちろん、ワイドショーから電車の中吊りまで見て、「つかみ」になりそうなネタを探している。株や経済動向や政治案件、災害、事故。スポーツ、芸能ゴシップ、話題になった食材や店。とにかく、新しい話題ならなんでも興味を示しておく。

「僕は、その分野は苦手で……」と逃げているうちは、コミュニケーションのプロじゃないんだな。私も、好ききらいに関係なく、朝のワイドショーをよく見ているよ。おかげで、いま話題の食材や健康法については詳しいよ。「つかみ」として人によく話しているからね。

その他にも旬のネタはいくらだってある。

大くんも、「二十四節気」や「七十二節気」という古い暦は知っているだろう。スマホで調べれば、2月18日の今日は「立春最後の日」、明日からは「雨水」だとわかる。雪から雨に変わる季節。春がグンと近くなるのを「雨水」で表現できる。

ついでに、スマホで「その日に生まれた人」も見ておこう。

2月18日の今日なら、「上杉謙信」と「オノヨーコ」が生まれている、「私、今日が誕生日なんですよ」と言う人がいたら、すかさず「すごい、上杉謙信と同じですね」と言うことができる。これが、人の心をつかむ話法、説得力のつけかたなんだ。

とあるスーパーマーケットでは、スタッフルームの扉に「今日は○○な日」と書いた模造紙を、毎日張っている。

「天候」や「記念日」はもちろん、近所の小学校の運動会など近隣情報も書いてあった。思いついた人が、どんどん書き込んでいる姿に私は感動したよ。

店に出た店員が、「今日で、熱帯夜が3日続いてます！　お父さんに、肉を食べさせてあげて！」と声を張り上げる。

「はは、ここは売り上げがいいはずだ」と実感したね。

大くんも阪田さんも「旬の情報」を集めることなら簡単だろう。毎日、続けると説得力が増してくるよ。さぁ、やってごらん。

point

「ネタ」はあなたの半径1メートル以内にある

question.
25

to：和田先生

subject：後味のよい終わり方にするには、どうすればいいですか？

和田先生。ついに最後の質問になってしまいました。もうすぐ、お約束の5日目が終わろうとしています。先生、本当にありがとうございました。この5日間は私の一生の宝です。

さて、そして、いよいよ最後の質問です。このイベントが終わるとき、きてくれた皆さんが「よかった！」と思える後味のよさを作るには、どのようなところに気をつければいいでしょうか。よろしくお願いします。これで最後と思うと、泣きそうです。

method.
25

「ありがとう」をいまの5倍使うようにしよう

大くん、もうすぐ午前12時だ。よくついてきてくれた。私からもお礼を言うよ。ここまで私が教えてきたコツは、24個ある。これが、最後のひとつだ。

大くんは、「ありがとう」以外にどれくらい感謝の言葉を知っているだろうか。「お礼申し上げます」「恐縮です」「お気遣い痛み入ります」「なんとお礼を言っていいかわかりません」「感謝の言葉もございません」「拝謝申し上げます」……、ビジネスの世界にはたくさんの感謝の言葉がある。

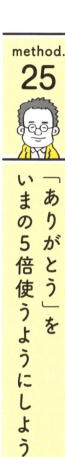

なぜ数が多いかといえば、それだけ使う必要があるからだ。**ビジネスを問わず、人間関係を円滑に進めるためには、「感謝の言葉」をさまざまな形で述べることが必要なんだ。**

あまり難しい表現は考えなくてもいい。しかし、普段の会話の中に「ありがとうございます」「おかげさまで」を、いまの5倍くらい増やす意識でちょうどいい。

会議中、資料を隣の人が回してくれた。ここで「ありがとうございます」と言う。あなたの発言に得意先が質問してきた。そのときも、「はい、ありがとうございます」と答える。

1日で一番多く発する言葉が、「ありがとう」になるくらい感謝の気持ちを言葉にするんだ。感謝をされていやな気持ちになる人間はいない。「ありがとう」を何度言っても、きらわれることはまずない。**相手の気持ちを一瞬にして和らげ、気持ちを前向きにする「呪文」**。**それが「ありがとう」だと思えばいい。**

今回のイベントを、「よかった！」と思われる後味のいいものにしたいなら、社長スピーチにはもちろん、司会や担当者にまで「感謝の言葉」を多発させるといい。会場全体の雰囲気がやわらかくなる。

これはビジネスのあらゆるシーンで使える。

例えば、大くんが得意先と前日会食をしたとする。翌朝、相手が会社に着いてメールをチェックしたときには、すでに大くんの「感謝の言葉」が送信されている。できるビジネスマンの鉄則だ。

しかも、ただ「ありがとう」と言うのではない。

その会食で「面白かった場面」「ためになった言葉」などを具体的に書く。「私もさっそく推薦された本を読みます」「私も健康にはもう少し気を遣うようにします」と行動の変化を書く。「感謝」「具体」「行動」をセットで書いたお礼メールを、速攻で打てるようになっておくといい。

どんな仕事であれ、どんな場面であれ、「感謝の言葉」を述べる。これが、相手にとって気持ちのいい言葉を使うための奥義なんだよ。

さて、私もいよいよ大くんに感謝を述べる時間になった。5日間、よくついてきてくれた。本当に、ありがとう。

5日前、君は「まず何からはじめればいいでしょう。基礎の基礎から教えてください」という状態だった。そこから君は、実に素直に、私の教えを行動に移し、何度も泣き言を言いながらも、ついには、手がけた仕事において、みんなが「よかった！」と思えるような後味のよさを考えるまでになった。

「自分」のことしか考えらえなかった君が、「人」を気持ちよくしたいとまで考えられるようになった。そう、ここなんだ。

言葉を、「思いつく」「まとめる」「伝える」力は、「誰かのために」それを生かそうと思ったときについてくるものなんだ。

山崎大くん、君は見事に、この境地にまできた。もう大丈夫。1人でもやっていける。5日間、ありがとう。そして、卒業おめでとう。

山崎大の人生に、幸多かれ！

point

成功のキーワードは「誰かのため」

Day 5 著者の解説 2

和田先生のメールによる講義が終わりました。

最終日は、「言葉に説得力を持たせる」方法として、「エピソードの活用法」「数字やデータの使い方」「話にリアリティを持たせる方法」に加え、「旬の情報で人の心をつかむ方法」と、相手を満足させるためは「感謝」することが大切と教えてくれました。

最終的に和田先生が教えてくれたコツは、25個。

1日目は、「30秒で10個言う」「形容詞を禁止する」「実況中継する」など錆びついた脳が「言葉を思いつく」ようにするトレーニングが中心でした。2日目になると、「人の頭で考える」「ひとつの主張に3つの理由」「〇〇という考え方・仮説の立て方」など、「思いつく」から「考える」トレーニングへ。3日目は、「5つのWHY」「ヘーゲルの弁証法」「バックキャスト思考法」など考えを論理的に「発想してまとめる」トレーニングへと進化していきました。4日目は、「40字で伝える」「動詞で相手を動かす」「『の』で対象にズームする」といった思いを「伝える」ための表現トレーニングへ。最終日は、「エピソード」や「数字」、旬の情報の扱い方など、さらに説得力を持って伝える技法について教えてくれました。

この25のトレーニングを意識的に積んでいけば、言葉を「思いつく」「まとめる」「伝える」力は必ず身につくはずです。

できることなら皆さんにも、山崎大同様に、毎日の生活の中で25のトレーニングを積んでほしいのです。パラパラとめくって、「あ、いま、これを試してみようかな」と、すき間時間にひとつふたつチャレンジするクセをつけていく。

ふと気がつくと、あなたが発信するSNS、友だちや家族との会話、会議や交渉での発言、企画書や報告書の文章、あなたの着眼点、発想法、表現技法などがわかりやすく、親しみやすく、説得力を持っていることでしょう。

さて、商品発表の記者会見まで、あと1週間に迫りました。和田先生の講義を終えた山崎大と坂田ちひろさんは、どのように課題を解決しながら、準備を進めていったのでしょう。その姿をちょっと覗いてみましょう。

走れ、山崎大！

葛原食品が満を持して発売する新商品『ヨーグルビット』。

この名前を決めるとき、山崎大も宣伝部や広告会社と一緒に考えた。いつもなら当事者意識のない山崎が、**33案もネーミング案を持ってきた**のはみんなが驚いた。

数ばかりではない。「この商品、タレントに例えるとしたらどんな人でしょう」など**商品を擬人化するように促す**。

そこから、この家族を食べている典型的な家族像が見えてきた。「ビット家族という理想の家族をキャラクターにしましょう」という広告会社の提案は、満場一致で受け入れられた。

その横で、阪田ちひろが「なぜ、外資系ではなく老舗の帝都ホテルで発表するのか」と、関係者に「**5つのＷＨＹ**」**を繰り返す**。

はじめは執拗な質問にイライラしていた関係者も腕を組み、深く考えるようになっていった。

「ここで開催したときの、ネガティブポイントはどんなことがあるだろう」ホワイドボードには「**ヘーゲルの弁証法**」**を描くための三角形が書いてある**。「伝統のイメージが強く出すぎませんか？」などといったネガティブポイントが三角形の右側に書き込まれていく。あらゆる人に「**ありがとうございます**」と言う。その乾いた声が素敵だった。

和田先生の教えは、葛原食品社長・音羽祥晃までをも巻き込んだ。

「ヨーグルトに関する**個人的なエピソードはないですか**」と阪田ちひろに質問された社長は、頭をかきながら、「子どもの頃、よく下痢をしてね。心配になった母親が、葛原のヨーグルトを毎日私に食べさせたのが、会社に入ったきっかけなんだよ」と言い、制限時間を超えて、社長の子供時代のエピソードを聞くことに成功もした。

また、人気タレントで構成する「ビット家族」全員を、同時刻に集めるのは至難の

技だった。クセのある人も多い。

なんとか記者たちの前で「理想の家族」を演じてもらうために、阪田はお父さん役の渡辺啓一に、**「私たちは」と語ってもらうことを依頼。**集められた他の家族役は、いきなり「私たち家族は」と笑顔で振る舞う渡辺啓一に感化され、30分もしないうちに、本当の家族のような雰囲気を醸し出すようになった。


山崎大は、生活そのものを変えていた。見ることのなかった朝のワイドショーを、メモをとりながら見る。電車の中吊りを眺め、周囲の話を傾聴して**「旬の話題」を拾おうとした。**小さなことにも**「ありがとう」**と言うようになった。

「ぼーっとしている」「何を考えているのかわからない」と言われた汚名を返上するために、スタッフに向けて「僕がいま、なんでこうしたかというと」と、**自分の行動を説明することを心がけもした。**

語るときには「おいしい」「きれい」「おもしろい」などの**形容詞をなるべく使わないようにする。**その分、五感を研ぎ澄ませ「見ているだけで、のんびりしてきます」とか「のどごしがいいですね。かみごたえもある」と、**自分の体に正直に感想を語ることを心がけていった。**

「記者の皆さんを帝都ホテルのお客様と考える」

阪田ちひろが「**〜と考える**」**で仮説を立てた。**「ただ取材にきたのではなく、まるで帝都ホテルで宿泊している人と考えたら、『ヨーグルビット』をホテルの小皿で出したほうがインパクトがあるかも。プレミアム感もつくし」と言ってホテルと交渉する。

「記者たちをもてなしたい」「記者の皆さんに味わってもらいたい」「ホテルのおもてなしも、今回の発表に取り入れたい」。「**動詞**」**を次々と変えて、短く伝えようとする**阪田の語りにホテル側も快諾。**主語を**「**私たち**」**として、**ホテル関係者をぐいぐい巻き込んでいったのだ。

山崎大は、最後のスピーチ原稿に追われた。「ビット菌」という独自の乳酸菌の発見。それにまつわる数字。会社にとっては最も強調したい部分だが、**専門家ではない人までが「へぇ〜」と驚く内容でない限り、数字やデータの羅列は極力控え、**別冊の参考資料にまとめることにする。

自分の頭で考えるだけでなく、研究者の頭で考え、記者の頭で考え、社長の頭で考え、「ビット家族」の頭で考え、そして、食べてくださるお客様の頭で考えて、ひとりよがりにならない原稿制作を心がけたのだ。

出井部長が原稿にゴーサインを出したのは、会見の3日前。時間的にはギリギリだった。

会見当日。

山崎大は、この日のために新しいワイシャツを下ろした。阪田ちひろに「最後は、身なりと笑顔が大事」と言われたからだ。

阪田ちひろは、紺のスーツに少し胸元が華やかな白のブラウスを着ている。涼しげな顔で、記者が座るテーブルの上に資料を並べている。きれいに等間隔に並べられた資料の中には、山崎大が書き上げた渾身の商品紹介のリリースが入っていた。

午後1時。控え室から「ビット家族」の面々が出たとの報が、トランシーバーから流れた。音羽社長が、ひな壇の中央に立ち、一礼。記者たちのフラッシュと共に、『ヨーグルビット』の商品発表会がはじまった。


葛原食品『ヨーグルビット』新発売　音羽祥晃社長　記者会見

本日は、お忙しい中、私ども葛原食品の新商品『ヨーグルビット』の発表会にお越しいただき、ありがとうございます。社長の音羽祥晃です。よろしくお願い致します。

私たちが本日発表します『ヨーグルビット』。皆さまに、味わっていただきたいと思い、テーブルの上にご用意させていただきました。まずは、ご賞味ください。

（ホテルスタッフ、『ヨーグルビット』を配膳する）……スタッフの皆さま、ありがとうございます。いかがでしょうか。

『ヨーグルビット』を開発する際、私は開発メンバーにひとつ、注文をつけました。それは、「葛原食品の伝統の味を守ってくれ」というものです。

理由があります。実はいまを遡ること35年前、私が葛原食品に入社するきっかけになったのが、長く親しまれている『くずはらヨーグルト』に惚れたからなんです。

実は私、お腹をよく下す子どもでした。少し冷えたり、ストレスがかかると、すぐにお腹を壊していました。心配した母が、毎朝『くずはらヨーグルト』を食べさせてくれたのです。おいしかった。ありがたかった。そして元気にもなりました。

この習慣は、いまなお続いています。あくまで個人の経験ではあります。しかし、周囲に聞いてみると、私のように、幼いころから弊社のヨーグルトを愛してくれる方がたくさんいました。ありがたいことです。他に変えられない私たちの財産です。

私たち葛原食品は、おかげさまで120年の長きに渡り、皆さまに愛され続けてまいりました。本当にありがたいことです。

新商品『ヨーグルビット』は、私たちが「皆さまの健康」と「皆さまに愛されるおいしさ」を追求してきた「伝統の味」をベースにしています。牛乳風味がパッと口の中に広がる高級感はそのままに、酸味を抑え、まろやかな後味が残る。「濃厚なのにさっぱりしている」食感を、皆さまも実感されたのではないでしょうか。

さらに『ヨーグルビット』は、東慶大学医学部と共に、整腸作用のある「ビフィズス菌1155」と、人が本来持っている免疫力を高める「ビット菌422」を組み合わせ、さらに鉄分も配合しました。整腸、体脂肪の軽減、花粉症や風邪、その上、がんのリスクの軽減まで。皆さまの疾病予防対策に大きく貢献する商品なのです。

私たちは想像しました。朝遅刻しそうな女子高生が、忙しく『ヨーグルビット』を食べて学校に向かう姿を。ハードな職場で、パソコン画面を眺めながら、『ヨーグルビット』を食べているスリムで素敵な女性の姿を。宴会続きでお疲れのお父さんが、酔って帰った日、冷蔵庫から『ヨーグルビット』を取り出して食べる姿を。介護施設の食堂で、『ヨーグルビット』を食べながら、ゆったりとした時間を過ごすシニアの方たちを。中学受験をめざす男の子が、『ヨーグルビット』を食べながら、算数と格闘している姿を。

さまざまな人たちが、それぞれの現場で、『ヨーグルビット』を食べながら病気のリスクを減らしている。美しく、健康になろうとしている。

私たちは、人の生活の1つひとつを思い浮かべながら、「おいしさ」と「健康」にもっとも応えられるヨーグルトを作ったのです。

多くの方に「一番おいしい」と言われたい。

多くの方に「毎日食べたい」と言われたい。

この2つに応えながら、栄養成分のバランスを高度な水準で保っていく。

私たち「葛原食品」がめざしてきた食品のひとつの理想形が、この『ヨーグルビット』であると私たちは自負しております。

本日は、私たちの『ヨーグルビット』を、これから皆さまにご愛顧いただくために、「ビット家族」の皆さまにもお越しいただきました。「ビット家族」と私たち葛原食品が一丸となりまして、今後さまざまな活動を展開してまいります。

私からは以上です。本日はお忙しい中、誠にありがとうございました。心より御礼申し上げます。

場内が、再びカメラマンから放たれるフラッシュで一斉に輝き出した。

山崎大は、「どうだ！」と言わんばかりに息を大きく吸って、阪田ちひろのほうを見た。

彼女の顔もフラッシュで輝いていた。目元に浮かんだ涙が、キラキラと、キラキラと輝いて見えた。

column.

和田重信先生への最後のメール

先生、ご無沙汰しています。新商品『ヨーグルビット』の発表会が無事終了しました。おかげさまで好調です。詳しい調査はまだですが、現場のうれしい悲鳴を聞く限り、狙った以上の結果が出ているようです。

それもこれも先生のおかげです。たった5日の間に25ものアドバイス。はじめた頃は、正直、半信半疑でした。でも、講義が進むうちに、だんだんと熱中していく自分がいました。頭に言葉が浮かばないことを憂い、人の目線が恐ろしく、つらい、やめたい、人生の目標が見えないと嘆いていたのが嘘のようです。

電車に乗れば、頭で実況し、食堂に行けば、形容詞を使わずに「おいしさ」の表現を考え、怖かった上司やスタッフに「私たちは」と語りかけていました。発表会の打ち上げも、店のリストを33案出し、決まった店のネガティブポイントの克服を、弁証法で考えました。「仕事」をはるかに超えて、「生活」というか、私の「人生」というか、そういうものに大きなインパクトを与える熱狂の5日間でした。

しかし、先生。もうひとつ悩みを聞いてください。
実は私、これだけ学ばせてもらったにも関わらず、相変わらず脳みそに言葉がありません。頭の中が真っ白になっています。
「なぜ、口に出せないのか」と、5つのWHYを重ねても答えが出ません。「動詞」で声がけをして相手を行動に巻き込もうとする勇気も出ず、恥ずかしくて「私たちは」と声もかけられません。自分の気持ちを「40字」にまとめようとするのですが、「大好きです」以上の言葉が浮かばない。子どもの頃のエピソードを語ろうともしましたが、恥ずかしくて、恥ずかしくて……。結局、先生に教えていただいたことを私は、一番大切なときに全く使えていないのです。

先生、本当にこれで最後の質問です。阪田ちひろさんに、私の熱い胸のうちを告白するためには、先生の教えをどう使えばいいのでしょう。その言葉をどのようにして「思いつき」「まとめ」「伝えるか」。そのやり方を教えてください。そうでないと仕事に全く手がつきません。眠れない日が続いています。和田先生、助けてください！

山崎大

おわりに　SNS時代だからこそ、忘れてはいけないこと

マスコミの就職をめざす「早稲田マスコミ塾」で学生たちに向けてはじめて講演したのは、私が会社に入った年の冬でした。当時は、1学年下の後輩に向けて「面接では、こんなところを注意したほうがいいよ」とアドバイスをする程度のものでした。

あれから35年、毎年欠かさず学生たちと会っています。特に7年前に明治大学の教壇に立つようになってからは、何人もの学生が私を訪ねてきます。

広告会社で働く人間として、また大学で教える身として、学生に接していると「その言い方をこう変えると評価が変わる」「エントリーシートのこの部分を強調すれば、より人となりが見えてくる」などと、あと少しの工夫で劇的に変わるポイントが見えてきます。

それを教えるだけで、自信のなかった学生の発言が変わります。エントリーシートの文面から「評価するに値する私」が浮き出てくるのです。

どこにも相手にされなかった学生が、内定のゴールドラッシュに遭遇し、「どこに

行けばいいでしょう」と嬉しい相談にやってくる——。この瞬間を味わいたくて、私も話したり、書いたりするコツを鍛えてきました。

実際のところ、学生のほとんど全員自信がありません。無言か多弁のどちらか。質問されたことに聞く耳を持たず、適切な言葉を保管した脳がなく、頭で冷やし心で温めた言葉を発する口がありません。

とはいえ、時間をかけて彼らの話を丁寧に聞き、未熟な言葉や未消化な言葉をつなぎ合わせていくと、新鮮な発想力や心の柔軟性を持っていることに気づきます。

しかし、以前に比べ、それを引き出すまでの時間が恐ろしいほど長くなっています。その原因は、若者のコミュニケーションにおいて、SNS上でのやりとりが大半を占めているからではないでしょうか。

特にここ5、6年前からは「同じ日本語を話しているのだろうか」と思うくらい、言葉を「思いつき」「まとめ」「伝える」ことが苦手な学生が増えてきました。

その子たちがいま、ちょうど入社2、3年目になっています。山崎大くんは、その典型例です。

ここに書いた25のメソッドは、私と学生たちの35年の長きに渡るコミュニケーションから生まれたものです。

初期のメンバーは、すでに会社の責任あるポジションについたり、受験生の母になったりしています。彼らの多くが私の本の熱心な読者で、「私がマスコミ塾で習ったようなことを書いてほしい」と訴え、「今回の本は装丁に助けられている」「これはひきたさんが本当に書きたい本ではないですよね」などと、手厳しい評価をしてくれます。

そう、今度は私が、彼ら、彼女らに指導を受ける側になってもいるのです。

この本は、そんな先生と学生の素敵な関係から生まれました。この「先生」と「学生」を強く意識したのは、この本が「大和出版」から出るからです。

1981年から84年まで、私は当時大変に人気のあったテレビ番組「NHKクイズ面白ゼミナール」で、クイズ作家のアルバイトをしていました。

司会は、皆から「教授」と慕われた鈴木健二アナウンサー。

この出版の話がきたとき、私は「教授」のことをすぐに思い出しました。

当時の私は20代になったばかり。これからの人生をどう生きていくか、悩んでいる最中に、いつも読んでいた本が『男は20代に何をなすべきか』（鈴木健二著）だったのです。そして、この本を出していたのが「大和出版」。

若き日のバイブルを作られた人々との出会いに、運命的なものを感じました。「恩返しがしたい」と柄にもなく、そして実力も考えずにそう思い、そこからほぼ1か月半、鈴木教授に乗りうつってもらいながらこの本を書き上げました。


まず、今日までの私を作ってくれた鈴木健二さんに感謝の言葉を述べます。私がマスコミで働き、大学で教えているのは、あなたの生き方に学んだおかげです。

大和出版編集部の礒田千紘さんと葛原令子さん。お2人がいい生徒役を買って出てくれ「ここは意味がわかりません！」と進言してくれたことで、この本は強くなっていきました。

いつもながら私の精神面をサポートしてくださったDr.コパこと小林祥晃さん、博報堂の立谷光太郎さん。

そして40年も昔の日曜日の夜、テレビから流れる「クイズ面白ゼミナール」を見つめ、「この問題は、よかった」「これは、説明がよくわからなかった」と一問一問にまっすぐな意見を述べてくれた87歳の母親に感謝します。あなたこそが私の人生の「教授」です。

なお、山崎「大」、「和」田重信、「出」井洋一郎、「版」田ちひろを合わせれば、「大和出版」に。社長「音羽」祥晃の名は、大和出版のある場所からとりました。


最後に、何よりも、この本を読んでくださったあなたに感謝を申し上げます。

これからのあなたの毎日が、生き生きとした自分らしい言葉で多くの人を魅了することを。そして、あなたの言葉が人と世の中を大きく動かす原動力になることを願ってやみません。

わからなくなったら、山崎大くん同様に「助けてください！」と叫んでね。

必ず的確なアドバイスを持って、あなたの前に現れます。

ひきたよしあき

博報堂スピーチライターが教える
5日間《いつかかん》で言葉《ことば》が「思《おも》いつかない」
「まとまらない」「伝《つた》わらない」がなくなる本《ほん》

2019年4月30日　初版発行
2019年9月26日　5刷発行

著　者……ひきたよしあき
発行者……大和謙二
発行所……株式会社大和出版
東京都文京区音羽1-26-11　〒112-0013
電話　営業部03-5978-8121／編集部03-5978-8131
http://www.daiwashuppan.com
印刷所……誠宏印刷株式会社
製本所……ナショナル製本協同組合
装幀者……原田恵都子(Harada＋Harada)
イラスト……ヤギワタル

ISBN978-4-8047-1851-4